民间艺术

陕劲松 著

民俗山西

MINSU SHANXI

杨茂林 主编

创于1897
商务印书馆
The Commercial Press

序

《左传·僖公二十八年》:“子犯曰:‘战也。战而捷，必得诸侯。若其不捷，表里山河，必无害也。’”

杜预　注:“晋国外河而内山。”

瞧这一片南北狭长的地带，地势由东北斜向西南逐渐下沉，里里外外分布着高山大河，几乎把山西全境给围了起来，造就了山西典型的黄土高原景致：一望无际覆盖的黄土，一览无余广布的山脉，几乎是山峦叠嶂、岭谷纵横，丘陵起伏、沟壑遍野，不乏险峻幽深，不缺粗犷雄秀，山色不同、神态各异，干旱少雨、四季分明。数千年来，我们的祖先一辈一辈生活在这里，自给自足，繁衍生息，同这块属于温带大陆性季风气候的土地相存相生相斗相融，把这里耕耘成了北方地区较为适合人类居住的地方。我一直认为，这个区域就是大自然的能量和人类的力量结合得最完美和最充分的地方之一。

一

东是巍峨雄伟的太行山脉，诸多名山从东北倾西南构成系

列山地，恒山、句注山、五台山、系舟山、太行山、太岳山、王屋山、中条山呈“多”字形延展，雄浑壮阔、不同凡响，不仅是黄土高原的东界，而且是中国地形第二阶梯的东缘。这里地势险要，山高林密，河川交织，干旱少雨，山间存在着不少沉降盆地。上党盆地周边群山环绕，清漳河、浊漳河汇流此地，平畴绿野，嘉禾郁郁，涓涓细水，成河飞流，泽州盆地周围皆山，中部平坦，丹河、沁河流穿其间，森林茂密，水源富集，岩洞奇绝，瀑布垂练，都是一派自然天成、引人入胜的景色。其南端主要是中条山脉，其中历山北倚汾渭地堑，南临黄河谷地，山势陡峭、山丘众多，气候温暖、雨量充沛；中条山兀立于运城盆地和黄河谷地间，陡峰深谷、层峦叠翠，丛林荫蔽、草甸丰美，适宜人类繁衍生息。太行山脉是我们祖先最早出现的地区之一，早在 180 万年前，远古人类就开始在这里活动，历经旧石器和新石器时代，留下了人类起源和社会演进的诸多轨迹，如曾经在北部山麓地带狩猎为生的许家窑人，在中部东麓过着原始定居生活的磁山人，在南边过着刀耕火种采集狩猎群居生活的下川人，还有离我们更近的、已经步入青铜时代的东下冯人。是这片古老广袤厚实的土地，以及生活在其上的粗犷淳朴勤劳的先人，一起创造共享传承了丰富多彩、恢弘大气的中华文明的历史篇章。

西是覆盖深厚黄土的吕梁山脉，自东北向西南横亘着七峰山、洪涛山、管涔山、芦芽山、云中山、黑茶山、关帝山、紫荆山、龙门山等断块山地，宛如一条脊梁，中间隆起两边低延。从西坡看，吕梁山地向黄河谷地延伸，整体上东高西低，黄土广泛覆盖，受季风影响，气候干旱温暖，丘陵众多，墚峁成群，沟壑纵横，间有台垣盆地，地形支离破碎；从东坡看，黄土断续分布，山多坡广川少，气候湿润寒冷，有土石山区、黄土丘陵、沿川河谷，有高山峻岭、高山草甸、高山天池，也有寒温带针叶林、温带针阔叶混交林、暖温带阔叶林。吕梁山脉也是我们祖先较早活动的区域，从旧石器时代起就有人类生存，吉县柿子滩遗址有中国历史上最早的“火塘”遗迹，到新石器时代，人类活动更加频繁，成为沟通中原和西部地区交往的重要纽带。吕梁山是个很奇特的地方，自然条件恶劣、生存环境艰苦，但数千年来，我们的祖先与天斗、与地斗，开创了适合自身的生产生活方式，成就了代代相传、生生不息的人类传奇。

两山之间则是一连串狭长的台阶式下降的断陷盆地，由东北向西南依次延伸，大致连成一条飘动的走廊，土地平坦，聚水避风，流淌着多条非常重要的河流，省域内数百处石器时代人类文化遗址几乎全部分布在这些河流两岸的台地与山前丘陵

地带上。大同盆地在省域北部，是北方之门户，边缘山地丘陵，留有多座火山，桑干河从中流过，两岸地势平坦宽广。至少约2.8万年前，在旧石器时代晚期，峙峪人就在这里繁衍生息。下来就是省境中部偏北的忻州盆地，有高山环绕，还有洪积平原发育的滹沱河上游谷地和地势平坦的忻定盆地。旧石器时代中期这里就出现了人类劳动，新石器时代更是广泛聚居着属于仰韶文化和龙山文化类型遗存的原始部落。太原盆地在省域中部，东西与山地相接，盆地由北东向南西延展，汾河中游穿过，土地宽阔肥沃。盆地边缘环绕着黄土台地和黄土丘陵，在仰韶时期就有人类活动，到了龙山时期，先人则出现在平原周边稍高的地方。往南过霍山口是临汾盆地，至侯马折向西，东西以大断层与山地相接，汾河下游穿经流入黄河，土壤肥沃，气候温暖。晚更新世早期的“丁村人”就在这里生活繁衍，过着采集狩猎的集体生活。作为山西新石器时代早期的枣园稼穑，就折射出先民早期的农业活动情况。陶寺文化更是标志了文明社会的到来，农耕成为养育先民的基本的生产生活方式。最后是运城盆地，省域西南部一个强烈的沉降盆地，盆地内多河湖堆积，涑水河由东北向西南流入黄河，四季分明、无霜期长。这里留存有很多旧石器时代至龙山文化晚期遗迹，是寻找夏文化源头的重要区域。

世界上很少有自然环境如此艰苦，人类的生命力又如此顽强生长、旺盛充沛的地方。我深切感到，这片土地非常慷慨，对一切已经发生、正在发生以及将要发生的都悉心收纳，从不推诿放弃，不会让任何劳动没了收获，至迟从180万年前开始，就以兼爱无私的博大胸怀，无怨无悔、不离不弃地养育了一代一代命运多舛、抗争不息、勤劳不怠、淳朴诚实的先民，留下了女娲造人、精卫填海、后羿射日、愚公移山等感人故事；而先民对自身价值的发现，对文明社会的探索，都来自身下这片土地，他们不断窥探自然的奥秘，挖掘生活的价值，调节社会的关系，忍耐痛苦的折磨，享受人生的快乐。凡此种种，经年累月，就在山西这样一个相对封闭的区域内，长出了富有特色的民俗文化，流出了含蓄而奔放、凄美而热烈的山西故事。我经常想，只有深刻了解了这片土地及其上的所生所长，人们才能进一步认识到，这个世界上多灾多难的古老民族，为何能一路走来、生生不息！

的确，自先民最早踏上这块土地，便在这里开拓自己、和纳他人。由于地理位置和特殊条件，农耕民族和游牧民族在这里持续对峙碰撞，不断有新民族迁入、有汉民族迁出，经常是大出大进，所以多民族在此杂居生活、交融文化，加之区域内各地环境差异较大，地理、水文、气候、物产、语言等多有不

同，使得生产生活、居民性格、社会交往等各具特色，因此，这里的民俗文化自然也是多元生长、丰富多彩，形式有异、特点纷呈。事实上，山西民俗有中国北方汉民族的文化共性，也蕴含独特的地域风情，这是自然因素的影响，也是民族融合的特殊文化气质的渗透。从胡服骑射到文明新装、从穴居野处到晋商大院、从羊皮筏子到黄河大桥，都呈现出物质精神生活的演进以及生产生活方式的变化，透露了山西民俗所涉及的民族生活和繁衍的信息，以及带来的关于民族生存和发展的启示，使人更加深刻地感受了传统文化视野下山西区域的人与人、人与自然、人与社会的关系。特别是，虽然这里生存条件不是很好，有些地方还很恶劣，人们活得比较艰苦，但是他们始终追求美好的强烈愿望、敢为人先的奋斗精神、诚信守义的生活态度，确实都通过民俗文化及其背后故事生动地跃然纸上，令我们感慨不已。作为后人，我们要有敬畏，应该倍加珍惜！

二

山西民俗涉及人们的衣食住行以及信仰、禁忌等方方面面的内容，有显著的活态特点和十分广泛的群众基础。从理论上看，“民”一般指民间或百姓，“俗”则多指其生活习惯或方式所涉及生活的文化。葛剑雄先生认为，“俗”比较稳定，存在时间较长，影响范围较大，这样“俗”被越来越多的人接受，逐渐成了群体生活的重要部分。而钟敬文先生则认为，民俗既是一种历史文化传统，也是人民现实生活中的一个重要组成部分。我个人以为，“民俗”形成的本身就是一个动态过程，然而一经历史沉淀就会成为传统，在得到群体认同的过程中，也会在观念、信仰、准则、习惯、制度等方面得到反映。因此说，民俗具有深刻的文化意义，是传统文化的重要内容，是不同地区人们生活智慧文化的外在体现。在挖掘整理和深入研究中，我始终有个深刻感受，那就是山西民俗是一种活化的历史文化资源，是传统文化的基础或底蕴，会与不断变化的现实环境相结合衍生出新的形式和内容。而在历史和文明演进中，山西民俗作为传统文化，在民间已经外化为制度和规约，内化为观念和认知，不仅在过去，而且在当下，在百姓日常生活乃至国家社会治理方面都起着重要作用。

事实上，民俗虽然说的是百姓的事情，但是具有非常强烈的主体意识，与民族的生命活力及其延续本身密切相关，很容易实现身份认同，享有共同的生命观。从民俗元素中抽象出的传统文化，都具有原始环境的本真韵味，是原初的思想和根底的行为，凝聚了最基本的人类思想和情感要素。从山西民俗中，可以发现不同时代的人的思想和行为特质，可以从人们思

想情感、生产生活中探寻那些流淌着的文化乡愁，那种与泥土青草、村落民居、山川河流同构的浓郁传统生活，通过人与人、人与物、人与天地之间的联系，来透视生长其中的信仰、情感、希望、乐观等。山西民俗反映了人类的生命力，以及人类在生生不息中摆脱不了的宿命。正如楼宇烈先生所认为的那样，生命是一代一代相延续的，父母子女、兄弟姐妹之间有血脉联系，彼此之间都是有责任、义务的。因此，从薪火相传意义上说，山西民俗在本质上就是一种代代延续、辈辈传承的责任或者义务。张岱年先生认为，中国传统文化有两个基本精神，一是“以人为本”，强调人的价值，表现人的自我认识和道德自觉心；一是“以和为贵”，强调人人和谐共进，表现人们的求同存异和多样性统一。山西民俗是特别讲求这些基本精神并以此为底色或本质的。

我国历史源远流长，多民族统一大国是两千年来的基本国情。任继愈先生认为，这个国情综合地显示着中华民族的思想文化、生活准则、宗教信仰、伦理规范、风俗习惯和政治制度。在他看来，观察中国历史、研究中国问题，都不能不以这个国情为出发点，又落脚到这个出发点。显然，任先生这段话主要是从形而上角度来思考的，但对我们深刻认识山西民俗文化有启示意义，因为多民族统一大国的两千多年的基本国情，同样是由悠久流长、多姿多彩的、与百姓生产生活如影随形的民俗文化显示的。换句话说，就是山西民俗文化能从多个角度、在多个层面反映着这一基本国情的思想、准则、信仰、伦理、习惯、制度的主要内容。所以，按照历史唯物主义的观点立场方法，对山西民俗进行文化意义上的梳理分析，更好展示其源流、概括其特点、阐释其价值、揭示其发展规律，对于进一步讲好中华文明、体现中华文明智慧力量，具有重要意义。

山西民俗需要守护和创新。楼宇烈先生说，传统就是我们的原创。这话很有道理。山西民俗作为这样一种原创性的重要传统文化，不能片面理解或者武断排斥，而要全方位记录好保存好，更要主动传承好弘扬好。在当下数据时代、智能社会背景下，在城市化迅猛发展进程中，山西民俗也要创新，以求更好生存发展，融入现代社会并发挥积极作用。因为，每种民俗都镌刻着传统文化内涵，流淌着民族精神价值，都会随着时代变迁而精进发展。今天，百年未有大变局与科技变革大趋势，为这种发展规定了方向和提供了条件。荀子有句话说得好，“循其旧法，择其善者而明用之”，意思是用其善并发扬光大，是发展的核心要义。我以为，其中最大的善，就是在发展中不断彰显人类的生命价值、拓宽人们的精神世界。对民俗文化研究而言，就是围绕生命本身及其延续意义，着力构建起更为广泛

的血脉联系和责任义务，并通过不断创造来维护血脉联系和履行责任义务。

山西民俗作为传统文化的重要组成部分留存至今，一定有它长期留存的原因，那些传统社会反复出现的生产生活方式，持续作用的约定俗成、长期持有的信仰禁忌，都与我们能走到今天有直接关系。五年前，当我们以山西文明历史角度，开始研究和撰写《民俗山西》时就讨论过，通过编撰这套文化读物想告诉读者什么、用什么方式告诉、期待产生什么效果的问题。自那以后，这些问题一直伴随着相关的挖掘整理、分析研究、撰写修改的全过程。现在本书即将付梓出版，我们对问题的答案更加清楚了，那就是以人为本、以文化人，不忘本来、面向未来，尽量做到系统全面、图文并茂，着力融合历史性和学术性，力求兼顾现实性和可读性，在此基础上，把一幅幅鲜活生动的民俗画卷奉献给读者，把一个个富有智慧的生产生活启示展现给世人，这应该就是我们研究历史的学者要担起的使命责任吧！

是为序。

杨茂林

2022 年 3 月　太原

目 录

概 述

民间艺术是在社会普通民众中广泛流行的，具有传统风格和技艺的多种艺术表达形式。山西地处黄土高原，历史悠久，在漫长的农业文明时代，为满足自己的生活和审美需求，劳动者创造出了如民歌、戏曲、秧歌、面塑、刺绣、鼓书等极为丰富的艺术种类。

传情达意的乡村民歌，既有曲调清丽而优美、风格委婉而温柔的晋中左权民歌，也有感情深邃、反映离愁别绪的原生态河曲民歌。这些民歌取材广泛，曲调优美，情真意切，艺术风格独特，从不同的角度并以不同的方式，形象生动地再现了农民的真实生活，反映了他们的心理、感情、意志和愿望。

作为中国戏曲艺术发祥地之一的三晋，素有“戏曲摇篮”之美誉。产生于明代的蒲州梆子，是山西四大梆子中最古老的一种。其他各类地方小戏，既有秧歌、锣鼓、道情这些乡土风味浓郁的流行剧种，也有扎根民间的皮影戏、耍孩儿、碗碗腔、罗罗腔、眉户等古老的珍稀剧种。山西地方小戏的剧种之多，在全国首屈一指。

在二百余种传统民间舞蹈里，山西本土秧歌是分布最广，且数量最多的一个种类，是集诗歌（说唱）、音乐、舞蹈、戏

剧表演、杂技等为一体的综合性民间艺术形式。兼容开放的的晋北秧歌，淳朴厚重的祁太秧歌，以歌舞传情达意的左权小花戏，以鼓为其特色代表的晋南秧歌等等，不一而足。

另外，山西民间艺术中的剪纸、面塑、木版画、雕刻等，这些都是在日常生活、人生礼仪、婚俗活动、传统佳节的常见物什：塞外之野趣与关内之隽秀并存的广灵剪纸，造型美观、形式多样的晋南花馍，有深厚历史积淀和文化根源的平阳木版年画，工艺水平极高的平遥推光漆器。今天，这些民间传统物品，纷纷以艺术品的身份出现在了世人眼前。此外，还有民间曲艺、民间舞蹈、宗教音乐等民间艺术，乡土气息浓厚，风采别具一格，历史悠久而又几近消失。

这些一代代自发沿袭下来的具有地方特色的生活艺术，蕴含了山西民众简单而朴素的精神世界，包含了他们祈求幸福、避免祸凶的愿望，成为了我们今天看到的传统艺术中最精彩、最形象、最富有文化内涵的非物质文化品类。时至今日，这些与日常生活完全融合在一起的普通“手艺”仍旧承担着传承和发展山西传统文化的重任。

民间音乐

民间音乐是形成于民间、流传于民间的歌曲、器乐等多种音乐体裁组成的音乐作品。在历史发展中，它以不断的变异求新保持其绵延不绝的生命力。古人称它们是“风”或者“天籁”，以此赞誉其天然无饰的特色。

众所周知，山西有着悠久的历史文明，经历过艰苦的发展历程，形成了在内容和形式上都丰富多样的音乐艺术。有人人能吟唱的河曲、左权民歌，高亢明亮、古风犹存的临县大唢呐，粗犷豪放、雄浑铿锵的晋北鼓吹等；还有自娱自乐的八音会、古老而独特的文水鈲子和热烈奔放的威风锣鼓；此外，五台山的庙堂音乐、恒山道教音乐在全国都是有影响的、较稀有的宗教音乐。这些民间音乐是中国传统音乐中独具特色而又非常丰富的一座宝库，就其所反映的人民生活的广度、思想感情的深度、民族和地区色彩的鲜明程度而言，简直可以说是一部以听觉形象表达的令人倾倒心醉的山西人民生活的百科全书。

山西民歌

古人云:“诗言志，歌咏言。”民歌是劳动人民心声的自然流露，是劳动人民用血汗和智慧描绘的一幅幅真实生动的历史画卷，是反映一定时代生活和风土人情的一面镜子。山西历史悠久，目前保存了大约两万首民歌，素有“民歌的海洋”之美誉。山西是黄河文化的发源地，传承着古老的文化，在历史上又是多元文化交汇之地，农业、游牧、商业文化杂糅，晋、陕、蒙文化相得益彰，给民歌带来重要影响。

山西民歌曲调优美，易于传唱，感情真挚，情真意切，具有自己独特的艺术风格和鲜明的地方特色。有的调式古朴、音调高亢；有的以憨直、泼辣、朴素的抒情见长；而有的则气息浓郁、感情热烈、灵活自由而富于变化。其中，山歌是山西民歌中最具代表性，且较为著名的民歌体裁，如情感起伏跌宕的左权开花调和人人能吟唱的河曲山曲。

左权民歌

左权地处山西、河北、河南三省之交，自古被视为兵家必争之地，临近中原。这里的人生活较为安定，“多务耕作”，受其农本思想的影响，民歌中多表现出农耕文化。

缘于太行山植被丰茂的地理特点，位于太行山脊中段腹地的左权一带的山歌“开花调”显得轻快活泼、热情奔放，如《桃花红杏花白》《亲圪蛋下河洗衣裳》等。左权民歌起源不详，形成于宋元时期，有大腔、杂曲、小调三种形式。小调，又称为辽州小调，是左权民歌的主体部分，是民歌曲调的俗称，适合人们在从事较轻松的劳作时哼唱，表现形式多样，内容丰富。

左权民歌王石占明

20世纪30年代以来，从小调中派生出了一种独特的形式——“开花调”。开花调，属“山歌体”，唱词精巧新颖，旋律以七声音阶为主，偶有大跳音型出现，用于表现丰富多彩、跌宕起伏的情感，大大增加了音乐的感染力，让听众在对歌曲进行欣赏时能够融入其中。开花调以“开花”为比兴，上句常以“××开花”为起兴，下句点题，曲式结构上下句平行对称，曲调短小，旋律明快，长于抒情，内容多以反映爱情为主。熟练的民间艺人可以“做甚唱甚，想甚唱甚”。也就是说，一切用来做比喻的东西都可以“开花”。

因为有着悠久的音乐文化积淀，同时还有职业艺人的加工和整理，左权民歌得以广泛流传，被一代代原生态民歌手传承和创新，使得开花调更具艺术气息，发展也逐渐成熟。左权开花调源于生活，源于人民，用山西富有地方特色的手法，把人民群众的日常生活用音乐表现得淋漓尽致，呈现出勃勃生机，体现了当地人民的文化内涵和时代风貌。2006 年 5 月 20 日，“左权开花调”经国务院批准被列入第一批国家级非物质文化遗产名录。

河曲民歌

河曲位于山西省西北部，东界偏关、五寨，南界岢岚、保德，西、北隔黄河分别与陕西、内蒙相邻，是一个“一鸡鸣三省”的特殊地区。一方水土养一方人，一方水土更养一方歌，民歌具有极其浓郁的地域色彩，由于河曲位置偏北且海拔较高，干旱、寒冷，昼夜温差大，降水较少，历史上的河曲地区沟壑纵横，植被稀少，黄沙黄土，就产生了表现这样自然景观的山歌：“三春期的黄风天天刮，无根沙蓬哪里落”“三天刮了九场风，黄沙土掩漫咋安身”等等。独特的地理位置和恶劣的自然环境造就了这一带农民“走西口”的迁移生活，产生了表达人间离苦、别绪、思念、期盼的“走西口”山歌。如《提起哥哥走西口》《一拉一扯好难活》《光景迫下跑口

河曲民歌

外》等。

河曲民歌主要包括两种类型，一种是劳动号子，一种是山曲。其中，山曲是河曲民歌中数量最多、传唱最为广泛的，在当地又被称为“酸曲”。山曲的结构短小精炼，曲调音域较宽，节奏自由，听起来高亢嘹亮、意境幽远。如果用当地方言演唱起来，不仅质朴、率真，而且风趣、幽默。其中的《三天路程两天到》《人家都在你不在》《割莜麦》《提起哥哥走西口》《真

河曲民歌王辛礼生

魂魂跟在你身左右》《哥哥在东妹在西，天河隔在两头起》等，都是河曲民歌中词曲俱佳的传世精品。

这些民歌不仅在本县周边地区流传，而且辐射晋、陕、蒙三地的交界地域，成为当地人们劳作和生活中不可缺少的精神寄托和情感表达，被音乐界人士称为一部晋北社会生活的大百科全书。这一珍贵的艺术形式历经千年而久唱不衰，音调高亢辽阔，节奏明快自如，流传至今的曲目仍有近万首。2006 年 5 月 20 日，经国务院批准，河曲县申报的“河曲民歌”被列入第一批国家级非物质文化遗产名录。

唢呐艺术

山西有着丰富的民间音乐遗产和得天独厚的民间音乐发展土壤。山西的古代民间乐器种类很多，根据考古发现，新石器时代就有了陶埙，夏朝有了石磬，春秋有了甬钟、编钟等。现在我们看到的自古流传的山西民间乐器，以丝竹为主，如笙、管、笛、胡琴、板胡、三弦、唢呐、琵琶等，还有各种鼓器以及铙、钹、锣、镲等，也都有很长的历史了。上党八音会、文水䥽子、晋北鼓吹和上党乐户等，都是山西地区丰富的民间音乐资源的艺术精髓和活着的历史传统文化。

上党八音会

八音会是民间组织的音乐班子，因主要使用鼓、锣、钹、笙、箫、笛、管、唢呐等八种乐器而得名，后来又加入了扬琴、二胡、板胡等乐器。“会”在这里指的是一种形式、一个平台，将各种乐器有机地结合在一起演奏音乐的活动。

上党八音会在山西省晋东南地区广泛流传，起始于夏商，形成于春秋，汉唐时成为一个完整的音乐形式，流传至今已有两千多年的历史。八音会的主要功能是服务社会、服务民众，娱神、娱鬼，以及人自娱，主要用于迎神赛社、婚丧嫁娶、生

上党八音会

儿育女、满月开锁、开业典礼等活动。古人认定音乐具有娱神、娱鬼和娱人的作用，但凡驱傩、祭祖、祀神等社会上的重大活动都离不开音乐，宫廷官府的礼仪祭祀，迎来送往，喜庆宴乐；军队中的出征助威，班师凯旋等。上党八音会是在中国民间音乐史上占有一席之地的山西民间吹打乐，是群众自发组织起来以自娱为目的的乐社组织活动，为当地人们所喜爱。

上党八音会最显著的艺术特色大体有三：一是吹打并重，

文武相接；二是声情并茂，演奏兼备；三是艺术容量大，本体特色强。八音会不断丰富和发展自己，逐渐形成了自身特有的高亢激越、热烈火爆、慷慨悲歌、大气磅礴的音乐特色。

上党八音会主要演出场合是庙会、节日庆典、街头舞台、坐场吹打、婚丧嫁娶等。一支乐队，有十几人到二三十人，大规模的乐队就有百余人或几百人，乐曲层次分明、气势宏伟、场面壮观。今天，这门古老的音乐艺术重新焕发了新的生机，丰富了人民群众的文化生活，提高了人民群众的文化素质，是极其珍稀而宝贵的文化遗产。2006 年 5 月 20 日，上党八音会经国务院批准被列入第一批国家级非物质文化遗产名录。

文水鈲子

“岳村鈲子桥头鼓，要看红火接麻姑！”这是流传百年的文水民谣，也是文水百姓最欢迎的一种表演形式。鈲子流传于山西省中部文水及其周边地区，是一种古老而独特的民间音乐艺术，因表演中使用俗称“鈲子”的特制铜质小钹而得名，又因起源于当地凤城镇岳村，当地民众又称之为“岳村鈲子”。

据史料记载，古时候因恶劣的自然生存环境和气候条件，民众的生活时常处于衣不蔽体、食不果腹的悲惨境地。劳动人民将丰收的一线希望寄托于冥冥的神灵，祭神祈雨自然而然地成为先祖们祈盼美好生活、追求国泰民安的一种活动。后来，

文水鉟子

这种古代祈雨仪式逐渐与民众的生活习俗结合，成为迎神赛社和日常迎宾的仪仗音乐，在演奏时用乐器模拟自然界中的风、雨、雷、电，有很强的艺术性和观赏性。在古代祭神祈雨活动中，除供奉祭品外，还要敬献乐舞，以愉悦神灵，演奏鉟子就成为当地古代祈雨仪式中的一项重要内容。

一方面，随着祈雨文化代代传承，鉟子音乐被当地百姓作为祭祀音乐，保持了其作为仪式音乐的庄严性。在演奏时，演奏者通过擦击、错击、抛击等技巧，使乐器发出的声音与音响效果相结合，将祈雨、降雨的过程演绎得如身临其境一般，给人以无限想象。另一方面，鉟子音乐逐渐与民众的生活习俗结合，从起源时的祭祀祈雨功能转变为广大劳动人民迎神赛社的民间艺术文化。所以，文水鈲子是先民与大自然、与命运抗争的独特表现形式，是根植于黄土地上的一种特有文化。

文水鈲子是一种多段体套曲结构的民间打击乐，全套锣鼓可分为三段，包括七个鼓点，形成结构严谨、完整统一的民间艺术珍品。经后世不断挖掘整理，现存的鈲子音乐有《雷公闪电》《喜庆丰收》《普降甘霖》《乌云翻滚》等曲目，且多次参加全国性的比赛，频获殊荣，被誉为“三晋锣鼓中的一绝”，成了文水县传统艺术的名片。

文水鈲子具有浓郁的黄土风情，其风格豪放雄浑，粗犷奔放，古朴厚重，是我国古代劳动人民祭祀祈雨文化的缩影，传承着华夏农耕文化的精髓。2006 年 5 月 20 日，经国务院批准文水鈲子被列入第一批国家级非物质文化遗产名录。

晋北鼓吹

晋北鼓吹是与民俗活动结合最紧密的一个乐种，盛行于忻州、定襄、原平、五台、阳高一带，是以唢呐、笙、管等吹奏乐器和锣、鼓、铙、镲等打击乐器组合进行演奏的一种传统器乐表演形式。

晋北鼓吹粗犷豪放、雄浑铿锵、明快动听，具有鲜明的地方特色，演奏常以小集体出现，由六至八人组成，俗称“班子”。艺人大多为一专多能，有着高超的技艺和过硬的功夫。

晋北鼓吹乐器

它所表演的曲目丰富多彩，曲调来源主要是民间器乐曲，也有一部分来自五台山的庙堂音乐和当地的民间歌曲，既有大量多姿多彩的喜庆曲目和抒情曲目，又有不少深沉悲苦的哀怨祭悼等曲目。按照音乐大致可分为四类：社火曲牌、戏曲唱腔、民间小调、庙堂乐曲。其中，社火曲牌以《大得胜》为代表，这是一首古“军中乐”，描写军队出征得胜归来的情景，整个乐曲欢快明亮，令人振奋；戏曲唱腔以唱段为中心，根据

剧情吹奏出各种角色；民间小调以当地的民间小曲和二人台为主。晋北鼓吹最为著名的是《八大套》，因有八大曲牌，共约69个曲子而得名，是专门为地方重大社会活动、婚丧嫁娶、满月、祝寿等民俗事项活动而吹奏的民间艺术。

晋北鼓吹在风格上集庙堂音乐的宁静与恬淡、关塞精神的雄浑与激越、游牧艺术的奔放与高亢、中原农耕生活的和谐与浑厚于一体，是历史与地域文化的结晶。它的演奏或高亢明亮、火爆热烈，或清澈柔沉、缠绵悱恻，艺术表现力很强，深受广大民众的喜爱。今天，晋北鼓吹已和当地的日常生产生活紧密结合，被广泛用于求神祈雨、祈福禳灾、庆丰收、庆开业等各式各样的民俗活动。2008年，晋北鼓吹入选第二批国家级非物质文化遗产扩展名录。

上党乐户班社

上党乐户班社是流布于山西省东南部上党地区，以民间音乐演绎民俗礼仪为主，承办民间礼仪乐事的一种民间细乐。其鲜明特征为礼乐合一，无乐礼难报，无礼乐难施，是晋东南地区民俗礼仪活动的重要载体。

上党乐户班社的传承者主要是生活在上党地区的“乐户”历代后裔。“乐户”一词最早出现于北魏的文献典籍中，也称为“乐人”“乐师”“乐工”“乐伎”等，形成缘于刑事株连，是封建社会刑事处罚的一种手段。这种处罚通常将罪犯的家属没入官府，充当官妓，隶属乐籍，户称乐户，以吹弹歌唱供人享乐，世代沿袭。在乐户集中的上党地区，从事民俗礼仪音乐的乐户自称“行道家”或“行户家”，民间称之为“吹工”“吹手”“鼓匠”“吹鼓手”等。

旧时，长治市潞城县乐户共有八家，其中七家都已失传，唯有西流第五代传人王进支完好保存历代祖宗相传至今的刺绣堆花衣、各种面具、各种旧乐器，更为珍贵的是其父王计苟于1937年传承下来的一本手抄古典曲牌（工尺）乐谱。

乐户班社走街串巷表演

王家“乐户”吹打器乐分为吹奏、打击、拉弹三类，吹奏形式与内容有曲牌吹奏和戏曲吹奏两部分。曲牌吹奏主要服务于宫廷礼宴、官府祭祀、寺庙迎神以及民间的婚丧嫁娶、岁时庆典等各种仪式的全过程。所奏曲牌通常有“太平鼓”“花腔鼓”“朝天子”“迎仙客”“大赐福”“大开门”“小开门”“小八板”“靠山红”“过街红”“四季红”“满堂红”“大观灯”“孤梢月”“降香曲”“祭青天”“送高堂”“拜祖”“谢菩萨”“哀三刮”“备马牌”“将军令”等。戏曲吹奏是根据各种仪式议程安排吹奏的坐场戏曲，有上党梆子、上党落子、襄武秧歌、壶关秧歌、豫剧、涉县落子等诸多内容。

上党乐户、乐户班社及其传承下来的乐谱有极其重要的文献价值和活化石意义。在演出实践中，班社艺人积累的演奏基础、宫调、乐律体系和音乐理论体系是全国范围内非常珍贵的文化遗产。上党乐户班社演奏的民俗礼仪细乐是上党地区赛社与乐户文化的主要载体和集中体现，有着巨大的历史文化价值，挖掘、抢救和保护乐户的传统音乐对丰富和完善上党乃至全国的民间音乐史都将产生一定的推动作用。2006 年 5 月 20 日，上党乐户班社经国务院批准被列入第一批国家级非物质文化遗产名录。

锣鼓艺术

晋南威风锣鼓

晋南威风锣鼓是由锣、鼓、铙、镲四种乐器共同演奏的一种汉族传统打击乐艺术表演形式，因其表演时锣鸣镗镗、钹音清脆、鼓声如雷，气势磅礴，威风凛凛，故名。威风锣鼓主要流行于山西晋南地区，尤其在临汾市的霍州、洪洞、汾西、襄汾、曲沃、浮山等地最为盛行。

威风锣鼓最早的名称为“锣鼓”，老百姓称为“家伙”，起源于上古尧舜时期，来源于娥皇女英的故事。每年农历三月初三，娥皇、女英回娘家，农历四月二十八，娥皇、女英回婆家，两地群众就会敲锣打鼓迎接“娘娘”，以示威风。在接姑姑送娘娘的民俗活动中，威风锣鼓所打的曲牌都与所途经的22个村落有关，每停留一个地方就会敲打与此地发生故事有关的曲牌。

表演形式主要有两种，一种是挎鼓表演，指鼓手各挎一面圆形大鼓敲打表演，这种形式的表演，讲究的是阵容变化和姿势造型，如鼓技、锣花、铙花、钹花、槌花及整体队列队形变换等；另一种是架子鼓表演，这种形式主要用于队伍行进中边

晋南威风锣鼓

走边演。代表曲目有《七牌子》《风搅雪》《吃京粉》《笑回乡》《西河滩》《东河沙》《倒垂帘》等。今天，威风锣鼓的曲牌已有200多套，被泛称“一百单八套”。

威风锣鼓节奏明快，威武雄壮，有着广泛的群众基础，几乎村村都有自己的锣鼓队，大的锣鼓队表演多达上百人。当地有民谚：“高兴不过娶媳妇，热闹不过敲锣鼓”，可见其在当地流传之广，影响之深。

威风锣鼓是将音乐、舞蹈和技巧三者有机巧妙地结合在一起的综合性鼓舞艺术。表演上阵容宏伟，队列整齐，气势磅礴，展示了中华儿女顶天立地、威武雄壮、不屈不挠、英勇顽强的民族性格，体现了黄河文化的深沉厚重。作为山西省的一张文化品牌，威风锣鼓被赋予了“中华民族传统的优秀文化遗产”“古今中外首屈一指的民族鼓乐”“黄河之魂”“惊世之宝”“中华第一鼓”“天下第一鼓”等种种美誉，是我国汉族传统艺术宝库中的精品。2006年，晋南威风锣鼓入选第一批国家级非物质文化遗产名录。

绛州鼓乐

绛州是新绛县的古称，绛州鼓乐即今新绛县的鼓乐。新绛县自古以来就有着演奏鼓乐的传统，绛州鼓乐作为民间文艺活动及当地“社火”活动中最流行的节目之一，素有“地动山

绛州鼓乐《秦王点兵》

摇”“闻声十里”之誉。

绛州鼓乐一般分为赛社锣鼓和鼓吹锣鼓两类。赛社锣鼓亦称“闹年锣鼓”或“社火锣鼓”，主要用于赛社和春节期间的社火活动，是绛州鼓乐的主要代表。赛社锣鼓以花敲鼓和穿箱锣鼓著称。花敲鼓又名“花腔鼓”“花庆鼓”“干鼓”等，全套乐器只有多面形制不同的鼓和板两类，无铙钹，也无其他铜质乐器；演奏技法有击鼓边、敲鼓边、墨鼓钉、蹭鼓面、打鼓帮、抽鼓皮、磕鼓环、碰鼓架、单槌滚、双槌擂、槌相搓、槌相击、槌相打、捶相挑等十几种；演奏起来声韵铿锵，气势恢宏，具有独特的艺术风格和地方色彩，深受广大民众的喜爱。各路各有常用曲目，南路有《叽呱啦》《啦呱叽》《扎咚呱》等，中路有《钉缸》《麻雀踩蛋》等，北路有《牛斗虎》《凤凰单展翅》《狮子撩绣球》等。

绛州鼓乐中《秦王破阵乐》最为出名。近年来，随着农村经济条件的不断改善，绛州鼓乐得到了很大发展。在《秦王破阵乐》的基础上，整理出了《秦王点兵》《夏坡滚核桃》等精彩曲目，得到了国内外舆论的一致称赞。2006 年 5 月 20 日，经国务院批准，绛州鼓乐被列入第一批国家级非物质文化遗产名录。

万荣软槌锣鼓

软槌锣鼓是一种流传于山西省万荣县高家庄一带的汉族民间社火表演艺术，因其鼓槌用麻绳特制，质地柔软又有韧性，故名，是全国罕见的汉族特色锣鼓艺术珍品。从当地的民间传说及演奏曲目、曲牌来推断，软槌锣鼓的起源应与古代战事有着很深的联系。早期高家庄的软槌锣鼓主要用于祭祀，表现欢乐、喜庆，民间多用于丧葬，以寄托哀思。后来逐渐演变为传统的民间社火。每逢正月初一、十五，八月中秋，高家庄的村民都会摆开阵势，敲锣打鼓表演一番。

软槌锣鼓表演别具一格：配置的八面大鼓，直径大于其他鼓种，需用鼓架支撑；八面大钹，每个重约 13 斤；16 面锣，每面重 15 斤。表演者要在表演的头一天晚上用凉水浸湿麻绳

万荣软槌锣鼓表演

鼓槌，再用文火烤干。他们所用的锣大得出奇，每一面锣都有一个支撑锣鼓的支架，俗称“锣项”。锣项的制作极为讲究，主身高一米左右，顶端弯曲着伸出，头上全是金属制作的铸铁龙头。所有的锣项高低大小一致，锣便挂在龙头的下面。

锣鼓表演方式分为“行路鼓”和“阵地战”。前者边走边打，主要用于街头行进表演；后者要求 32 名队员摆成方形阵势，中间为鼓手、钹手，两边敲锣的一字排开。表演过程中，鼓手为领头羊，边打边舞，手上的麻槌如同武生的长矛、小旦手中的扇子，一会儿转绕脖颈，一会儿飞过胯下，一会儿转身，一会儿背脸，使人眼花缭乱，精彩至极。结尾处，鼓手们以密集而有力的鼓点及参差有序的举槌造型，展示出雄壮之师、威武之师、胜利之师的宏大场面。

软槌锣鼓历史悠久，表演风格独特，曲牌大都与战争有关，主要有“新鏖战”“金鼓”“风搅雪”“杀鼓”“双关战”“新鼓”“炸鼓”“行路鼓”等，其中“新鏖战”最为精彩激烈，是软槌锣鼓的代表作。与大多起源于迎神赛社的民间锣鼓不同，软槌锣鼓流传下来的曲牌、曲目多与战争相关，对于研究锣鼓艺术的起源、发展，具有重要的学术价值。2014 年 7 月，软槌锣鼓入选第四批国家级非物质文化遗产扩展项目名录。

宗教音乐

楞严寺寺庙音乐

佛教音乐，简称“佛乐”，是中国佛教寺院和信众在举行宗教仪式时所用的音乐。佛教认为，音乐有“供养”“颂佛”作用，形式有声乐和器乐等多种。作为阐明佛理、弘扬佛法的佛事音乐，通常庄严清净，蕴含慈悲之情，使人听后动容，起欢喜之心，动善意之念，是音乐百花园中粲然绽放的一株清净莲花。

左云县楞严寺佛乐流传于山西省左云及内蒙古自治区凉

城县一带，产生于明朝初年，丰富、发展在明、清两代，伴随着僧侣们的唱经及佛事活动发展传承至今。在长期的流传过程中，它吸纳了天竺乐、龟兹乐、安国乐等佛曲音乐的元素，并和当地民间音乐相结合，逐步形成了一种具有蒙汉特色、异域风情的寺庙音乐。

左云县楞严寺的佛乐堪称梵音妙曲，是大同地区独具特色的佛教音乐，有着沉郁的民间色彩。楞严寺音乐由歌赞曲与器乐吹奏曲（吹腔）两部分组成。歌赞曲主要有“六字赞”“方

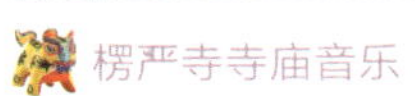
楞严寺寺庙音乐

便偈”“三皈依”“千声佛”“亚古灵”等十余首，器乐吹奏曲有“柳摇金”“左鞑经”“右鞑经”“凡鞑经”“大乘经”“双调柳青娘”“急毛猴”“小开门”“大八板”等28首，是当地寺庙音乐的经典。演奏时使用的乐器有管子、笙、手鼓、锣、铛子、引磬、铞子、铙钹、手掴子等。楞严寺佛教音乐一般在僧侣诵经和佛事活动中唱响，同时也在民间各种法事中演奏。歌赞曲起调深沉平稳，旋律庄重典雅，再配以讽诵之经词，遂形成一种极其肃穆的音乐气氛；器乐吹奏曲则风格多样，既有蒙曲的粗犷豪放，又有汉调的婉转流畅，在激越跌宕的音乐旋律中，还不乏梵音的空灵邈远。

音乐中还吸收了印度的天竺月和西域的龟兹乐等兴盛起来的佛曲，由楞严寺僧人采用本地民间乐曲创作而成。这种音乐起调深沉，曲调雄浑优雅，给人非常沉重而古老的感觉，因而，形成了楞严寺音乐与众不同的风格，震撼撞击人们的心灵。

楞严寺每每举行佛寺和祈福活动，尤其是一年一度必须举办的水陆镇法会，演奏楞严寺音乐便成为法会的主体内容，以此渲染佛的庄重和敬畏。渐渐地，楞严寺音乐深入佛理，深入民间，为广大民众所熟悉。楞严寺音乐对于研究北魏边塞多民族文化交流、民间文化特色及其当地寺院佛事、佛曲、法会都具有十分重要的历史价值。2011 年 6 月，左云县楞严寺寺庙音

乐入选为第三批国家级非物质文化遗产名录。

恒山道教音乐

道教音乐，是中国宗教音乐之一，是道教仪式中不可缺少的内容，具有烘托渲染宗教气氛、增强信仰者对神仙世界的向往和对神崇敬的作用。道教音乐吸取了中国古代宫廷音乐和传统民间音乐的精华，渗入道教信仰的特色，形成了其独特的艺术风格，是中国传统音乐的重要组成部分。

恒山道教音乐发端于古代巫觋的祭祀歌舞，是北方道教音乐的一支，流传于北方地区道教活动的圣地——恒山的周边地区。浓厚的宗教历史背景，频繁的民间信仰活动，使得这种古老的音乐传统得以依托地方社会民间礼俗与宗教活动衍生并流传至今，形成了一套富有地方民俗特色的民间道教科仪法事。由于晋北地区自古便为多民族交流融合之地，古老纷繁的文化艺术形态杂糅并存，使其得以充分吸收汉魏以来的鼓吹乐形式，包括唐宋大曲、明清小曲等民间音乐形式，形成富有地方性特色的音乐风格。

在近百年的历史发展中，恒山道乐以自己独特的音乐语言和表现方式，忠实地记录并阐释着晋北民间道教音乐传统的传承与变迁。恒山道乐的传承方式以口传心授为主，目前代表人物为阳高县李氏家族，至今已传至第八代。

乡村里的道乐班奏乐行走

恒山道乐班所演奏的音乐主要分为赞叹、套曲和配曲三部分。赞叹是经文的唱诵，也是道乐中的声乐部分，主要有“洞玄赞”“一盏灯”“开通赞”“光明赞”“返魂香”等，具有很强的旋律性，以笙管伴奏，发声方法与“晋北道情”相似。套曲保存得相当完整，有“一提经”“山坡羊”“干指”“柳妖精”“翠竹廉”等五套，要求“正套”必须“大工大尺”，严格按字谱拍板演奏，风格庄重典雅。配曲是套曲的延伸和过节曲，常与同一宫调的套曲配合使用，数量很多，有“小八门”“劝君悲”“鬼拉腿”等，以活泼火爆、高亢激烈为主要

风格。

恒山道乐的乐器和法器自成体系。吹奏乐器有管子（包括低音大管、管子、对管）、笙、竹笛（俗称“梅”）等；打击乐器有鼓、铦子、铛子、大铙、大钹、云锣等；法器有木鱼、铜磬、法螺、法铃等。

今天，恒山道乐在山西省阳高县及河北、内蒙古等周边省市已自成流派、自立体系，融入了农村岁时节日和婚丧嫁娶等民俗活动中，对于丰富当地人们的文化生活、创建和谐社会具有一定的积极意义。恒山道乐至今仍沿用传统的工尺记谱法，使用的传统五调、十律和四韵十二宫六十调，是古代汉族民间音乐的活化石，对弘扬民族传统文化、继承和发展民族传统音乐有着十分深远的影响。2008 年，恒山道教音乐入选第二批国家级非物质文化遗产名录。

五台山佛乐

五台山佛乐是五台山寺庙中长期流传的传统佛教音乐，包括声乐和器乐两部分。声乐是在法事仪式中对各种经文的演唱，主要有和念、令调、吟诵和直数四种形式；器乐是由若干件打击乐器和吹奏乐器以及法器组成乐队，为经文诵咏中的部分曲调进行伴奏或单独进行器乐演奏，演奏的乐曲称为“小曲”。五台山佛乐是用笛、管、笙、箫等乐器演奏的音乐，在

佛乐传承人释汇光指导弟子

五台山佛乐

近两千年的发展过程中，始终沿用着佛教初入中国时的“歌赞”“转读”“唱导”等形式，极其罕见，且其中保存有自唐、宋以来各时期流行的歌曲和乐曲，是我国乃至世界重要的文化瑰宝。

五台山是全国唯一兼有汉传佛教（称“青庙”）和藏传佛教（称“黄庙”）的佛教圣地，因此佛乐也分为青庙音乐和黄庙音乐。青庙音乐讲究“入法”，即规矩，风格优雅、静谧，旋律淡泊，意境深远，有远、虚、淡、静之特点。一般包括瑜伽焰口、唱诵、吹腔和散曲四个部分。现今流传下来的曲牌共有47首，由瑜伽焰口、禅门口诵、佛事散曲和三昼夜本等部分组成。而黄庙音乐，由于受民间文化的影响，其风格更富有民族和地域色彩，旋律华丽，节奏活跃，曲调明朗且多样化，既有蒙藏高原的山野之风，又具有幽雅、静谧的佛乐风韵。黄庙音乐一般包括唱诵、吹腔、仪式音乐，留下来的曲牌共40首，主要有禅曲诵经、吹腔、仪用等三部分，仅在五台山繁衍发展。今天，五台山还保存有当今世界仅存的音乐绝响——梵乐，其中藏传佛乐《八段锦》对中国民间音乐影响深远，被专家认定为名曲《茉莉花》的母体。

五台山佛乐是五台山佛教文化的重要组成部分，具有浓厚的中国传统音乐的特征，并形成了独特的形式，其传承方式为口传心授的师承方式，使用的都是手抄的工尺谱，代代相传，被誉为“中国传统音乐的活化石”。作为北方佛乐的代表，五台山佛乐吸收了中国古代传统音乐的成分，是音乐艺术与宗教相结合的产物，是社会发展中的一种文化现象，具有很高的文化艺术价值。五台山佛乐的遗存，可以使我们更好地了解宗教与社会、生活、艺术（音乐）之间的关系。为保护和传承千年佛教艺术文化，2006 年 5 月 20 日，五台山佛乐入选第一批国家级非物质文化遗产名录。

民间戏曲

民间戏曲是民间文学、音乐、舞蹈、美术、杂技等多种艺术因素的有机结合，熔唱、做、念、舞于一炉，以歌舞演绎故事。

山西是中国戏曲艺术的发祥地之一，被誉为“戏曲的摇篮”。在这块土地上，从古至今创作了无数的优秀精美的戏曲作品，哺育了无数的戏曲艺术大师。四大梆子戏是山西的代表剧种，体现了山西戏剧的最高成就。传承至今，它有着深厚悠久的历史渊源，有着令人眼花缭乱的不菲成绩。四大梆子扎根于山西，坚持与时俱进，不断推陈出新，最终走出山西，走出国门，让这一古老艺术发扬光大，是山西梆子戏保持旺盛生命力的关键所在。

与四大梆子的影响力、覆盖面以及普及范围相较而言，诸多的山西地方小戏更显得与众不同。不同唱腔、不同韵味的地方小戏，似繁花锦簇，更显瑰丽多姿。“山乡庙会流水板整日不息，村镇戏场梆子腔至晚犹敲”，山西农村土戏台上的这副对联，对三晋戏曲的繁荣程度作了如实写照。

四大梆子

晋剧

晋剧，又称“山西梆子”，是中国十大戏曲剧种之一，因产生于山西中部，又称“中路梆子”，主要流行于山西省中部、北部及陕西、内蒙古和河北省的部分地区。道光中期，中路梆子在蒲州梆子的基础上形成，与祁太秧歌、晋中民间曲调相结合，经晋商和当地文人的参与而形成晋剧。

晋剧的唱腔结构属于板腔体，大致可分为乱弹、腔儿、曲子，主要板式有平板、夹板、二性、流水、介板、滚白、导板七种；唱词是以上下句为主的结构形式，唱词工整，多以“七字”或“十字”句为主；演唱形式有对唱、轮唱、独唱等，道白属晋中方言与普通话结合；行当丰富，主要有青衣、须生、花脸三大角色；特技善用翎子功、帽翅功、马鞭功、手绢功、水袖功、髯口功、甩发功等多种表演技巧；文武场编制为九人，称九手场面，武场为鼓板（指挥）、铙钹、马锣、小锣、梆子，文场有晋胡、二弦、三弦、四弦；弦乐曲牌有“小开门”“剪剪花”“雁过南”“走马令”等，这些曲牌可单独或联缀使用，也可由若干曲牌组成联奏曲。

在发展过程中，晋剧保留了蒲州梆子慷慨激昂的艺术特色，同时形成了婉转细腻的抒情风格，既能表现慷慨激昂的历史故事，也能表现晋中地区浓郁的乡土气息和独特风格。这种粗犷与细腻巧妙结合的艺术形式，是晋剧赢得众多观众喜爱的最直接因素。

晋剧传统剧目丰富，常见的就有二百多出，代表剧目有传

晋剧《火烧庆功楼》

晋剧《下河东》

统戏《打金枝》《醉陈桥》《火烧庆功楼》《金水桥》《下河东》《空城计》《明公断》《清风亭》《杨八姐游春》等耳熟能详的剧目。随着晋剧的发展，涌现出了王爱爱、田桂兰、冀平、马玉楼、刘汉银、郭凤英、王宝钗等著名的晋剧表演艺术家。

晋剧在板式唱腔、音乐构建、表演风格等方面，形成了完整的艺术体系和鲜明的地域特色，在山西地方戏剧、音乐、民俗、历史等研究中占有重要地位，具有重要的学术研究价值。2006 年 5 月 20 日，晋剧经国务院批准被列入第一批国家级非物质文化遗产名录。

蒲州梆子

蒲州梆子，又称“蒲剧”，明末清初形成于晋、陕、豫交界地带的蒲州，主要流行于山西南部及陕西、河南、甘肃、青海等省的部分地区。它是我国古老的梆子腔剧种之一，初期民间称为“乱弹”或“梆子腔”，清代中叶称“山陕梆子”，民国初年称“蒲州梆子”，20 世纪 30 年代起简称“蒲剧”。

蒲州梆子属板腔体，唱腔以梆子腔为主，另有昆曲、吹腔及民歌小调等，共七种基本板式，另有唢呐曲牌和丝弦曲牌三百多支。伴奏乐队有文、武场之分，文场乐器以板胡为主，辅以笛、二股弦、三弦、二胡等；武场乐器采用鼓板、枣梆、马锣、铙钹等，锣鼓经十分丰富。行当扮演分须生、老生、小

蒲剧《绣红旗》

生、正旦、小旦、老旦、大花脸、二花脸、三花脸等角色，其表演艺术有悠久的历史和深厚的传统。

蒲剧表演风格火爆奔放，舒展明快，注重做功，擅用特技表现人物，有不少难度较高、观赏性极强的表演技巧，仅特技绝活就有三十余种，其帽翅功、髯口功、翎子功、梢子功、鞭子功、椅子功、扇子功、耍纸幡、彩功等表演特技在全国享有盛名。

蒲剧唱腔高昂，朴实奔放，以表现慷慨激情、悲壮凄楚的英雄史剧见长，善于刻画抒情剧的人物性格和情绪。在发展过程中，蒲州梆子曾出现过两个不同的艺术流派，一是以蒲州为

蒲剧《西厢记》

中心的“南路戏”，一是以平阳（今临汾）为中心的“西路戏”。西路戏以演传统的上、中、下二十四本为主，重做功唱腔，多表现火爆激昂之情。“南路戏”重传奇性的故事，多演以爱情为主的典雅剧目。

蒲州梆子剧目众多，已知剧目有一千四百多个，题材上至远古，下至明清，有文有武，风格多样。其中《窦娥冤》《薛刚反朝》《麟骨床》《杀驿》《挂画》《西厢记》《赵氏孤儿》《三关明月》等影响较大。在梆子腔剧种体系中，蒲州梆子是山西四大梆子中诞生最早的一种，与陕西梆子之间存在着渊源关系，是考察中国地方戏曲传承演变轨迹的活资料，对于山西地

方文化研究也能发挥重要作用。2006 年 5 月 20 日，经国务院批准，蒲剧被列入第一批国家级非物质文化遗产名录。

上党梆子

上党梆子是山西省四大梆子之一，流行于山西东南部的上党地区。清道光末年官方称之为“本地土戏”，在清代乾隆中后期已经盛行，嘉庆、道光年间班社林立，名伶辈出，剧目竞现，流派纷呈，进入蓬勃发展时期。清咸丰年间到抗战前，上党梆子进入鼎盛时期，有班社两百多个，形成了特色鲜明的“州府派”和“潞府派”两大艺术流派，涌现出赵清海、郎不香、申灰驴等诸多名家。1934 年，赴省城太原演出时，叫“上党宫调”，当地群众则一直称其为“大戏”。1954 年山西省首届

上党梆子传统剧《闯幽州》

戏曲观摩演出大会始定名为“上党梆子”。

上党梆子唱腔以板腔体为主，兼用曲牌体。板式中运用最多的是大板和四六，其他尚有中四六、垛板等；曲牌体唱腔有靠山吼、一串铃等。调式为徵调式，除紧大板和介板外，其他各类板式中的过门，都是宫调式的。武场伴奏乐器有大锣、大鼓，弦乐是巨琴、二把和呼胡。角色行当主要有生、旦、净、丑四种。上党梆子唱腔高亢明朗 、粗犷朴实；曲调丰富，感情热烈；表演直抒胸臆，强烈明快，侧重唱念功夫。

上党梆子的传统剧目有七百多个，其中梆子戏近六百多个，皮黄戏九十多个，昆曲十多个，罗罗腔戏和卷戏各数个，多以表现古代英雄、忠臣良将、外抗侵侮、内惩奸贼等题材为主，浸透着深厚的忠君报国思想和强烈的爱国主义情怀。优秀

上党梆子现代剧《太行娘亲》

的传统剧目有《闯幽州》《下边廷》《三关排宴》《天波楼》《薛刚反朝》《法门寺》等，还有创作和新编的现代戏《十里店》和《山村供销员》等，广受城乡观众的欢迎。上党梆子包含有多种声腔，从中可考察戏曲声腔历史流变的现象。2006 年，上党梆子入选第一批国家级非物质文化遗产名录。

北路梆子

北路梆子，又名“上路戏”，是华北地区较有影响力的剧种之一，流布于晋北、内蒙古、冀西北及陕西省部分地区。因其慷慨激越的边塞风格，郭沫若曾用“听罢南梆又北梆，激昂慷慨不寻常”的诗句来赞誉北路梆子。该剧种行当齐全、剧目丰富，唱腔主要以板式变化为主，兼有地方民歌、小曲等。作为山西省四大梆子之一，它在梆子戏声腔剧种中占有重要的地位，深受城乡劳动人民的喜爱。

北路梆子是由“山陕梆子”演变而成的。在长期的外地演出中，山陕梆子受当地的语音、民俗、民间艺术、欣赏习惯等因素的影响，逐步分化成不同风格的梆子戏剧种。1954 年，在山西省首届戏曲观摩演出大会上，北路梆子被正式命名。

从唱腔风格上，北路梆子又分代州道、云州道、蔚州道三个流派。“代州道”是指以忻州地区为中心的北路梆子，也称“小北路”，演唱风格华丽婉转、细腻柔美。“云州道”是指以

北路梆子《打金枝》

大同地区为中心的北路梆子，也称“大北路”，其唱腔和表演风格沉稳粗犷、高亢豪放、火爆热烈，充分体现出了大同及内蒙古地区的民俗风情和地域特色。“大北路”的演出剧目既有梆子戏共有的优秀剧目，也有反映当地历史故事的特色剧目，如《走雪山》，其中“走雪”一折久演不衰，在流布地区具有相当大的影响。而“蔚州道”，则是指河北省蔚县一带的北路梆子，也称“东路戏”。

北路梆子的传统剧目主要有《王宝钏》《打金枝》《金水桥》《哭殿》《血手印》《铡美案》《回龙阁》等两百多个。北路梆子的唱腔深受蒲州梆子的影响，具有高亢激越、酣畅淋漓、稳健

粗犷的特点，同时又结合当地的民歌小调，形成“咳咳腔”等自成一体的唱法，带有鲜明的地方特色，充分体现了当地劳动人民质朴淳厚、豪爽大方的性格。

北路梆子是一个非常完备的戏曲剧种，对板式唱腔的完善和发展起到了很大作用，对山西文化史和中国戏曲发展史的研究有着重要的史料价值，同时也对繁荣当地戏曲事业起着主导作用。2006 年 5 月 20 日，北路梆子经国务院批准被列入第一批国家级非物质文化遗产名录。

民间小戏

山西秧歌戏

秧歌戏是我国北方地区广泛流行的一种民间戏曲，主要分布于山西、河北、陕西及内蒙古、山东等地，起源于农民在田间地头劳动时所唱的歌曲，后与民间舞蹈、杂技、武术等表演艺术相结合，在每年的正月社火时演唱带有故事情节的节目，逐步形成戏曲的形式。

清代中叶，梆子戏兴盛以后，秧歌戏在不同程度上借鉴和吸收了当地梆子戏的剧目、音乐和表演艺术，逐渐发展为舞台演出，成为山西境内流行最广、形式最为多样的艺术品种之一。各地的秧歌戏多以兴起或流行的地区命名，如祁太秧歌、繁峙秧歌、襄武秧歌、沁源秧歌、西火秧歌、壶关秧歌、泽州秧歌、平腔秧歌、汾孝秧歌等。秧歌多在庙会、元宵节以及其他酬神娱乐活动中表演，成为山西人民生产生活中不可或缺的民间艺术形式。

祁太秧歌

祁太秧歌是山西民间流传的一种地方小戏，最初是耕作者在农事活动时传唱的一种民间小调，其渊源可追溯到唐宋时期。明代正统年间，民间艺人口传的秧歌开始在晋中平原流行起来。到清代道光年间，祁县已有了“同乐社”“祁太喜乐

祁太秧歌《唤小姨》

班”“祁太德威社”等秧歌班社。其后艺人们又逐渐将舞蹈、武术和各种技艺融入秧歌中，发展出“地秧歌”和“过街秧歌”，并进一步借鉴吸收外地民间艺术的内容和形式，逐渐形成了以祁县、太谷为中心，旁及文水、交城等周边十余县区的祁太秧歌流行区域。

祁太秧歌在山西戏曲表演中别具一格，曲调非常丰富，反映内容广泛，形式多种多样，具有浓厚的生活气息和乡土风味，现在能搜集到约三百多个剧目，传统剧目有《绣花灯》《采棉花》《看铁棍》《换碗》《太挑菜》《洗衣计》《起解苏三》《郭巨埋儿》等。

祁太秧歌集音乐、舞蹈、唱、念（道白）、做（表演）、打（武秧歌）于一体，以祁县、太谷及晋中农民的生活故事为表现内容，曲调优美动听，语言生动活泼，表演质朴粗犷，带有浓重的生活气息和地方特色，深受流行地区广大观众的喜爱，在晋中民俗及戏曲发生发展等方面具有一定的研究价值。2008 年，祁太秧歌入选第二批国家级非物质文化遗产扩展项目名录。

繁峙秧歌

繁峙秧歌流行于繁峙县及周边地域，由汉族民歌和歌舞发展而成。

繁峙秧歌的曲调于明万历年间传入繁峙的奋地和白马石一

带（今属应县），当时只是一种在街头跑摊子演唱的广场艺术，因其气氛热烈、曲调浑厚、十分接地气，百姓称之为“玩艺儿”，又依地名称其为“奋地秧歌”。清代道光年间，民间艺人张信、张代把各地流行的秧歌曲调、器乐曲牌收集起来加以改进，并吸取了其他剧种的唱腔融合于“秧歌”之中，移植了其他剧种的剧目将其搬上舞台演出，深受广大群众的喜爱，并流传至今。

繁峙秧歌唱腔结构由板腔体和曲牌体混合组成，其中板腔体的基本板式有 10 种，曲牌体的“训调”有 17 种，另外还有若干个小调，器乐曲牌 75 个。演唱时采用板胡、笛子、三弦等伴奏，俗称“梆扭子”，演唱时用板鼓或梆击节，大都不用管弦，只用锣鼓伴奏，因此又叫“干板秧歌”。繁峙秧歌戏的剧目有 86 个，经常上演的有 70 多个，其中有早期的民间小戏，又有逐渐发展的连本大戏。繁峙的许多村、镇都成立有演出繁峙秧歌的班社。每逢乡里赶庙会、闹红火时，秧歌便会在大街小巷演出，成为当地的特有习俗。2006 年 5 月，繁峙秧歌入选国家级第一批非物质文化遗产名录。

朔州秧歌

朔州秧歌戏，是融武术、舞蹈、戏曲于一体的综合性民间艺术形式，流行于以朔州为中心的晋北和内蒙古部分地区。朔州秧歌历史悠久，在宋代加入了武术成分，清代后期又加入故

朔州秧歌戏

事内容，经过漫长历史的孕育，以舞蹈和戏曲两种艺术形式活动于民间。

以舞蹈为主的秧歌称为“踢鼓子秧歌”，主要是在节庆和贺生日、祝寿、拜女婿、应邀还愿等民俗事象中表演。全部演出人员为108人，但也有30人或50人的。男角称“踢鼓子”，女角称“拉花”，男女成对表演。演员多扮成《水浒》《西游记》中的人物，表演粗犷奔放，有入户拜年、广场表演、进院祝拜、坐灯官、压街镇邪、烧香祭风、灯场游园、旋旺火、接下程等一系列程式。表演分大场子、小场子和过街场子，各有自己的表演形式。

以演戏为主的秧歌称为“大秧歌”。大秧歌唱腔集中了当地流行的民歌小调，借鉴了其他戏曲的唱腔结构和曲调，形成了独特的板腔与曲牌的“综合体”。剧目以道教故事和民间故事为主。

朔州秧歌的唱腔结构主要是板腔体，在演唱时，唱腔多用咳腔、舌音花腔，有时也用拖腔，色彩丰富，表现力极强。其乐队分文武场，文场 4 人，分操呼胡、笛子、笙、小三弦；武场 4 人，分操鼓板、水钗、马锣、小锣，此外，根据板腔的要求还添加一人打木头（梆子）。

朔州秧歌现存传统剧目有 50 多个，分本戏、会戏、出戏三种，有反映北宋末年农民起义军梁山泊英雄惩恶济善、除暴安良、刺探情报、劫狱救友故事的；有反映爱情的，如《观灯》《王小赶脚》《梁山伯下山》等；有反映家庭生活的，如《拉老汉》《打刀》《顶灯》《教子》《赶子》《三贤》《豆腐换妻》《花亭》《搬窑》等。这些剧目，以道教故事和民间故事为主，生活气息浓厚，地方色彩丰富，充分表现着塞外人民的民俗民风。

朔州秧歌长期在当地流行，并演变为不同的艺术形式，为研究我国民间艺术的发展、流传以及演变提供了鲜活的材料。由于现代多元文化的冲击和表演时限性的影响，朔州秧歌与其

他民间传统艺术形式一样，渐渐走向濒危境地，抢救保护工作时不我待。2006 年 5 月，朔州大秧歌入选第一批国家级非物质文化遗产名录。

襄武秧歌

襄武秧歌，是襄垣秧歌和武乡秧歌的合称，源于明末清初的民间社火活动，早先被称为“挑高秧歌”，后在当地说唱艺术、民间歌舞的基础上，吸收西火秧歌（即流行于长治县一带的壶关秧歌）、上党梆子等艺术成分，逐渐兴盛发展起来。清中后期以来，在地方风土人情的影响下，襄武秧歌与西火秧歌相融合，成为流行于以山西省襄垣、武乡为中心的长治地区，以及晋中的榆社、左权、和顺等地的一种戏曲形式，具有浓厚的乡土气息。

襄武秧歌唱腔属板腔体，调式为徵调式，最初为民间小调，后来吸收上党梆子的音乐成分，逐渐发展为拥有 12 种基本板式和多种辅助板式的完整体系的地方小剧种。演唱时节奏明快，高亢激昂中又不乏低回婉转、优美细腻。

秧歌的早期角色以“三小”即小生、小旦、小丑为主，后在此基础上增加须生、青衣、花脸等行当。表演上讲究唱功和做功，道白以上党方言为主。现存传统剧目 150 多种、现代戏 250 多种，多以家庭和社会生活为题材，情节简单明了，语言质朴风趣，充分展示出普通民众的喜怒哀乐。代表剧目有《土

襄武秧歌《换脑筋》

地堂》《兰英进京》《嫁妻》《落花记》《玉凤配》等传统古装剧，和《李有才板话》《小二黑结婚》《王贵与李香香》等现代剧。随着社会的发展，襄武秧歌在现代文明冲击下生存空间越来越小，正逐渐走向衰落，急需采取措施加以保护。2008年，襄武秧歌入选第二批国家级非物质文化遗产扩展项目名录。

太行山上小黄梅——壶关秧歌

壶关秧歌，原名“西火秧歌”，是流行于壶关、长治、陵川、长子、屯留、潞城、平顺一带的社火表演形式，形成于明末清初，经常在街头、饭场、打谷场和炕头演唱，只有铜器伴奏而没有弦乐，又被称为“地圪圈秧歌”和“干板秧歌”。

壶关秧歌《打酸枣》

壶关秧歌兴起于清代，在与兄弟剧种的交流中，迅速由打地摊演出向舞台剧表演发展。民国时期，表演艺术日臻成熟，在民间的受欢迎程度仅次于当地大戏——上党梆子。

壶关秧歌的唱腔简单，唱词通俗易懂，音调平缓稳重，乡音中深蕴乡情。舞蹈丰富多彩，粗犷而不乏细腻，火爆而不失优美，具有独特的地方特色和浓郁的乡土气息。

秧歌的演出剧目主要有《打酸枣》《苏姐姐梦梦》《凤英骂街》《天齐庙》等近二百多个。这些剧目多是民间艺人根据民间传说、传奇故事、唱本自编自演的，主要侧重于家庭伦理和生活小戏，语言通俗易懂，表演诙谐风趣，内容朴素自然，深受当地群众的喜爱。2008 年，壶关秧歌入选第二批国家级非物质文化遗产扩展项目名录。

泽州秧歌

在晋城地区，流传着“遍地秧歌遍地戏，人人都会唱几句，黑夜唱上台，白天唱到地”的顺口溜，说的就是泽州秧歌在当地广泛流传、家喻户晓的情况。

泽州秧歌，亦称“高平秧歌”“府腔秧歌”“干板秧歌”，最初是由迎神赛社和元宵社火演唱的地圪圈秧歌吸收了上党梆子的成分发展而来的地方剧种，流传于晋东南的高平、晋城、阳城、陵川、沁水一带，因晋城市古称泽州府而得名。泽州秧歌形成于清乾隆年间，嘉庆年间搬上舞台，到咸丰年间达到极盛。20 世纪初，秧歌自乐班曾达数十个。

泽州秧歌属板腔体，大部分剧目以唱为主，道白很少，有的剧目甚至是一唱到底，没有道白，唱腔易学，唱词明白如话，朗朗上口。由于方言的差异，泽州秧歌在唱法和行腔规律上大致可分为两个不同流派。高平、陵川等农村地区的秧歌唱得高亢、奔放、清脆、明朗，可称之为“上八调”。晋城城西、郊区等农村地区的秧歌纯朴、甜美、悲壮、深沉，相应的称之为“下八调”。泽州秧歌的乐器以鼓、小鼓、锣、小钹、镲、梆、木梆等为主，不用丝弦乐器伴奏。

泽州秧歌的传统剧目大都表现的是家庭矛盾、婚姻纠纷、

泽州秧歌乐器：小鼓

人生伦理等主题，贴近群众，贴近生活，带有浓厚的乡土气息和深厚的群众基础。演出剧目有《打棒槌》《小姑贤》《打油堂断》《打酸枣》《杀狗劝妻》《三娘教子》《喜日》《新羊工》等二百多部。泽州秧歌反映了泽州人民的思想感情，是他们文化生活中不可缺少的重要组成部分。2011 年，泽州秧歌入选第三批国家级非物质文化遗产扩展项目名录。

山西道情

道情，“道家传道之情”，原系宗教艺术，脱胎于唐代道士所唱的“经韵”，最初以说唱道教故事或有关题材为主要内容，是道家用以宣传其宗教思想的艺术形式，至宋代发展成为唱白相间的曲艺形式——道情鼓子词。

随着戏曲艺术的发展，特别是清代梆子戏的兴起，在融合各地民间艺术的基础上，部分道情开始由说唱向戏曲转化，并被搬上了戏曲舞台。清代乾隆年间，流传于晋北的说唱道情被搬上戏曲舞台，成为深受当地观众喜爱的一个戏曲品种。在晋北道情登上戏曲舞台前后，流行于晋西的临县道情也登上了戏曲舞台，流行于晋南的洪洞道情也曾在咸丰年间和宣统年间两度搬上舞台。1949 年以后，流行于山西晋南的河东道情、河南周口道情和山东的蓝关道情戏也相继发展成为舞台剧。山西是道情艺术比较盛行的地区，有临县道情、洪洞道情、晋北道情、神池道情、阳城道情、长子道情等十几种。

临县道情

临县地处黄河中游、晋西黄土高原吕梁山西侧，与道教发源地终南山所在的陕西省只有一河相隔，故从汉唐到宋元，这里一直是道教较兴盛的区域，境内至今保存着许多道家的文物古建筑，有“十三观寺九厦院”之说。

临县道情是由说唱道情演变而成的地方戏曲剧种，主要流行在晋西北临县以及吕梁山沿黄河一带，起源于唐代的道教音乐，加上吸收临县民歌和其他剧种的优秀部分而形成。说唱道情在宋、元时就有活动，最晚在清道光年间演变成为戏曲剧种，1960 年成立了国营道情剧团。

临县道情传统唱腔为曲牌体，分为平调（由道歌演变成形

传统临县道情

临县道情新编历史剧《大河古镇》

的唱腔）和小调（当地民歌同道歌结合形成的唱腔）两大类。平调唱腔是早期说唱道情时所用的曲牌，主要有“耍孩儿”“终南调”“浪淘沙”等；小调唱腔主要是明清俗曲和地方小曲，主要有“太平调”“五更调”“小放牛”等。近现代以来还借鉴了板腔体唱腔的结构方式，使唱腔向板腔化发展。伴奏乐器在说唱道情阶段有“文八仙”和“武八仙”，即“文场四大件”（管子、四胡、竹笛、笙）和“武场四大件”（涟鼓、简板、小钗、木鱼）组成。

临县道情的音乐保留了极其浓厚的民歌风格，唱词和说白通俗易懂，曲调轻快活泼，富有浓郁的乡野生活气息，既有浓厚的庙堂古典音乐的味道，又有浓郁的晋西地方风味，为吕梁地区广大观众喜闻乐见，有“道情九湾十八调，几个调调一大套，套套里头有弯弯，弯弯里头有调调”的特征。曾经家喻户晓的歌唱家郭兰英演唱的《翻身道情》的曲调，就取材于临县道情。

临县道情传统剧目内容有以反映道家内容为主的“韩门道情”戏、道家戏和明清时广泛流行的“民间小戏”，剧目丰富、古老，自古以来均由民间艺人自创而成，各个历史阶段均有不同的优秀作品，十分贴近老百姓的日常生活。如以《经堂会》《高老庄》为代表的韩门道情。还有多数取材于民间生活，主要反映劳动群众的悲苦境遇和男女青年之间爱情的小戏，如

《李大闹店》《秀才挽蔓菁》《郭华卖胭脂》《秃子闹洞房》《老少换妻》《鸿雁捎书》《张连卖布》等。

道情戏表演一般集中在农历十月至次年二月，并与当地的“伞头秧歌”（也叫“大会则”）配合进行。每年正月初，先由一二百人组成的伞头秧歌队到老乡家院里“跑院”或“踩场子”，之后就开始演唱道情戏，有时婚嫁祝寿、庙会开光、孩子满月和谢神还愿时也有道情表演。今天，临县道情这一剧种艺术也有了很大的提高和发展，上演的剧目不再具有宗教色彩，而成为纯粹的民间艺术，研究临县道情的演变方式和过程对认识戏曲的形成和发展、戏曲音乐的嬗变有着重要的价值。2006 年，临县道情经国务院批准，被列入第一批国家级非物质文化遗产名录。

洪洞道情

洪洞道情，又称“道腔”，是流行在晋南洪洞一带的道家说唱艺术，与其他道情同属一源，原为汉族民间长期流传的说唱艺术。清末民初，经过同乐班、三盛班、兴盛班等班社艺人的不断创造革新，将原有说唱形式与蒲剧和眉户的舞台艺术相结合，并吸收当地民间小调，最终将其搬上舞台，成为行当整齐、剧目丰富、深受当地百姓喜爱的地方戏剧形式。传统剧目有《郭巨埋儿》《三世修》《龙虎山》等。1961 年，田汉来晋观看传统节目《郭巨埋儿》的演出，以“三教所唱，各有所尚，

洪洞道情《苏三起解》

道家唱情，佛家唱性，儒家唱礼”为据，建议将“道腔”改称“道情”，由此得名。

洪洞道情传统唱腔主要有高调、官调、平调三类，节奏鲜明，抒情性强，善于表现喜闹的生活。部分唱腔吸收了若干民歌小调，旋律悠扬缠绵，潇洒幽深。主奏器乐为渔鼓、简板、碰盅、四胡和高音七眼串竹笛，专业剧团成立后逐渐加上了笙、管、小唢呐、二胡、中胡、三弦、扬琴等。在表演形式上，融合了秧歌的表演技法，走三步，退两步，摆臂扭腰，轻柔优美，潇洒大方，并擅长运用扇子功、手帕功、裙子功等技巧，配以节奏明快的音乐曲牌，有着和谐而迷人的魅力。

洪洞道情传统剧目有《天仙配》《杜十娘》《二度梅》《苏三起解》等，现代戏有《枣园情》《摔饭罐》《白毛女》《红色娘子军》等。2008年，洪洞道情入选第二批国家级非物质文化遗产扩展项目名录。

晋北道情

道情音乐约于金代流入晋北一带，以曲牌体说唱形式广泛活动于民间，在清代乾隆年间登上戏曲舞台。在发展过程中，晋北道情不断汲取民间的表演技艺，丰富发展剧目，增加了浓厚的生活气息，形成晋北地区一个独具风采的地方剧种。在山西众多的道情戏中，晋北道情是最早演变成戏曲剧种的一

 晋北道情《杀狗》

支。晋北道情的活动不仅遍及晋北各地，而且北至内蒙古，西至陕北，均有晋北道情的足迹，解放后晋北道情由南传至晋中地区。

和其他戏曲剧种一样，作为一种综合性艺术形式，晋北道情拥有丰富的唱腔曲调，不仅继承了古老的传统道情与民间道情曲艺，也融合了民歌及地方小戏的某些曲调，同时还兼有北路梆子的部分音乐元素，故有“道情72调”之称，今存套曲13种96曲。道情最早的伴奏乐器以鱼鼓、简板为主，发展成戏曲后仍保留了鱼鼓，在文场乐器中增加了横笛、大板胡、小板胡、扬琴、四胡等。

晋北道情戏的剧目约有一百余部，有的演唱道教故事，宣传教义，如《吕洞宾故事》《湘子传》《庄周传》《杭州卖药》《五龙台》等；有的表演修贤劝善故事，如《王祥卧冰》《郭巨埋儿》《杀狗》等；有的演述宫廷生活和朝廷逸闻，如《金丝坠》《玉虎坠》《金沙滩》《宁武关》等；还有一些生活小戏和移植剧目，如《八义图》《老少换妻》等。

每年的冬季农闲时期，各村镇便纷纷说戏排戏，春节一过便搭台唱戏，直至春和日暖，再度农忙才封箱停戏，成为晋北村民世代沿袭的一种传统习俗。晋北道情是我国北方道情的缩影，是研究民间宗教音乐和戏剧的活化石，具有很高的学术价值、艺术价值和历史价值。2006年5月，晋北道情戏入选第

一批国家级非物质文化遗产名录。

人间“仙乐”——河东说唱道情

河东说唱道情，又称“道曲”，根据地域又分为运城道情和永济道情，是过去道士传播道义时唱、吟的一种形式，由于音乐优美动听，素有“仙乐”之称。

河东说唱道情主要流布于山西晋南运城一带及黄河两岸，是一种历史悠久的传统民间艺术，相传起源于唐宋年间，经过金元诸宫调的逐渐演变，明清历代民间艺人的延续传承，唱腔、曲调、音乐、剧目更加丰富完善，最终发展成群众喜闻乐见的民间艺术形式。

河东说唱道情有长、中、短三种篇幅，长篇以二十四孝、修仙学道为主要内容，中短篇主要通过民间生活琐事歌颂忠孝节悌、礼义廉耻等。

河东说唱道情旧时的演出场地多为村镇的街巷、祭祀或祝贺的一些场所。道情班社在当地被称为“八仙班”，艺人们在民间有较高的地位，一般被称呼为“先生”。凡请者先向班头先生下聘帖，入座后，坐姿端正，衣帽整齐，不戏笑言谈，不讲身价，由事主随便酬谢，进餐必是素席，这些演出习俗至今依然保存。

现如今河东说唱道情的老艺人相继去世，大部分珍贵曲目流失，演出器具几近绝迹，绝技难以得到传承，能独当一面又

河东说唱道情《借亲妈》

享有威望的艺人凤毛麟角。2006 年，河东说唱道情入选第一批山西省省级非物质文化遗产名录。

七弯八转的神池道情

神池道情，是流行于山西北部、内蒙古东南部、河北西北部及陕西东北部黄河沿岸一带具有悠久历史的一个地方剧种，属于我国俗曲道情的一个分支，晋北道情的一大流派。这一民间艺术的奇葩，历史悠久，源于唐代的道观音乐，清中叶受戏曲艺术影响发展为民间小戏。咸丰年间，神池有道情班社 20 多个，至 1932 年，已发展为 100 多个，并逐步扩展到周边的五寨、岢岚、宁武、代县、右玉等县。

神池道情有着丰富多彩的曲牌和内涵，具有独特的艺术风格和鲜明的地方特色，是当地具有代表性的戏剧种类之一。它的音乐分为唱腔、曲牌、锣鼓经三大部分，民间素有“七弯八

神池道情《莲花庵》

转”之誉，有一些曲调源于唐代、宋代、元代时的词牌，像“耍孩儿”“西江月”等都基本上保持着原有的格式。在唱腔上，又糅进了地方戏曲的某些音乐特色，主要是汲取了山西北路梆子的音乐。有些曲子，则吸收了民歌中的营养，然后形成自己特有的风格。伴奏乐队分为文场和武场，文场中的主要乐器有笛子、呼呼、四胡；武场中的乐器有鼓板、大锣、大钗等。随着时代的变化，中西乐器的结合，又逐渐加进了笙、大提琴等乐器，增强了戏曲的音乐表现力，形成了活泼、欢快、热烈的气氛。

神池道情剧目丰富，粗略统计约有100余种。早期剧目有《湘子传》《张良传》《庄周传》等；中期剧目有《翠莲传》《小桃研磨》《烙碗记》等；中后期剧目有《三贤》《四劝》《打灶君》等；近期剧目有《醉陈桥》《斩黄袍》《金沙滩》《九件衣》等。

神池道情历史悠久，唱腔优美，内容丰富，特色鲜明，继承、融合了传统道情、民间道情曲艺以及当地民歌和地方小戏的音乐特征，又兼有地方大戏的部分华丽唱腔，从而具有唱腔构成的多源性特征。目前全国115种俗曲道情中，只有包括神池道情在内的十几个剧种属于戏曲道情，是非常珍稀的戏曲剧种之一。2011年，神池道情入选第三批国家级非物质文化遗产扩展项目名录。

特色小戏

雁北耍孩儿

耍孩儿，又称“咳咳腔”，是一种以曲牌名命名的汉族戏曲声腔剧种，已有六百多年的历史，流布于山西省北部的大同市及周边地区。清代嘉靖、道光年间，耍孩儿班社活动开始出现，到光绪年间发展到鼎盛，演出区域也逐渐扩展，南到忻州地区，北至黄河河套一带。

耍孩儿的唱腔属曲牌体，名为“平曲子”，有本体、主插

耍孩儿《送妹》

体、异体三种结构类型，以主曲为骨架，嵌入“喜钹子”“苦钹子”“倒三板”“半钹子”“垛钹子”“梅花钹子”“串儿”等曲调，组成一整套唱腔，同时又巧妙地吸收梆子戏中“介板”和“滚白”的唱法，使板腔体音乐和曲牌体音乐融为一体，转换自如，不落痕迹。耍孩儿最为突出的特点是唱腔发声使用后嗓子，即声音从喉咙后部发出，每句唱词前多习惯用“咳腔”，与佛教音乐声腔比较近似，而山西其他剧种的“咳腔”一般都在词后，这种唱腔善于表现悲凉的场景。

耍孩儿传统的伴奏音乐分文、武场，文场以板胡、笛子为主要伴奏乐器，音调旋律欢快活泼，婉转嘹亮；武场则使用大锣、小锣、鼓、钹等。

耍孩儿的传统剧目有《送京娘》《对联珠》《送妹》《二龙山》《赶脚》《三孝牌》《七人贤》《白马关》《打佛堂》等40多个，其角色分红、黑、生、旦、丑五行，表演上大量吸收民间舞蹈动作，其中有挖步功、马鞭子功、扇子功等，颇有独到之处，处处洋溢着乡土气息。

独特的演唱发音方法、欢快火爆的打击音乐、取材广泛的丰富剧目、别具一格的剧种风格使得耍孩儿这个古老剧种日渐为专家学者所瞩目，被称作戏曲史的“活化石”。保护这一古老剧种对于曲牌剧种起源、发展、流布、生存的研究具有重要的意义。2006年，雁北耍孩儿小戏入选第一批国家级非物质文化遗产名录。

河曲二人台

“二人台”，顾名思义就是两个人的表演，是集民歌、民舞、说唱、杂技等为一体的一种综合性的民间小戏，流行于晋北、陕北、河北张家口和内蒙古中西部地区。

“曲曲本是古人留，留给穷人解忧愁。几天不把山曲唱，少年英雄白了头。”河曲境内自古民歌盛行，有“户有弦歌新治谱”“儿童父老尽歌讴”之风俗。民众把唱山曲当作自己生活的一部分，用来表达内心情感，他们在田间地头劳作时唱、乡间群聚闲聊时唱、赶车行路时唱、谈情说爱时唱，高兴时

唱、忧愁时唱……可谓无时不唱，无处不歌。二人台就是在这些朴素的民歌基础上发展起来的。

由于恶劣的自然环境，河曲广大百姓因生活所迫“走西口”，于是就把这种艺术形式带到了口外，在吸收融合内蒙民歌的音乐语言及戏剧化妆元素的基础上，又有了新的发展，成为具有戏曲雏形的地方小戏。

二人台属于“两小”戏，角色仅有小丑、小旦或小生、小旦两人。在表演形式上，大体可分为“硬码戏”与“带鞭戏”两类。“硬码戏”注重唱、念、做，突出表演作用，以唱腔表

辛礼生表演的河曲二人台

演为主，洒脱奔放，委婉流畅，采取“抹帽戏”的形式，注重刻画剧中人物，如《走西口》《探病》《卖菜》等。“带鞭戏”注重舞蹈表演，人物故事简单，曲子热烈红火且变化多样，表演生动活泼，极重鞭、扇、绢等道具的运用，如《挂红灯》《打金钱》《打樱桃》《打秋千》等，表演内容多取材劳动人民的现实生活，富有浓郁的生活情趣，深为广大群众喜爱。

在音乐上，二人台分唱腔和牌曲两部分，唱腔多承用民歌曲调，牌曲基本是在民歌基础上的器乐化，此外还吸收、借鉴了古牌曲、民间吹奏乐等，使其越来越丰富。演奏和伴奏主要用梅笛、四胡、扬琴、四块瓦等乐器，听起来优美、清新、秀丽、明朗。

目前，搜集到的二人台传统剧目约有 70 余个，这些剧目有着浓郁的生活气息和地方风土色彩，作品大多反映的是民众对幸福生活的向往和对爱情及自由婚姻的追求。2006 年 5 月，二人台入选第一批国家级非物质文化遗产名录。

碗碗腔

碗碗腔原为流行于陕西东部的纱窗皮影戏，约在清光绪年间传入山西曲沃、新绛以及汾阳、孝义一带。传入曲沃、新绛的一支，受蒲剧、眉户的影响，形成曲沃碗碗腔；传入汾阳、孝义的一支，受中路梆子和汾孝秧歌的影响，形成孝义碗碗腔。碗碗腔不但有独特、悠扬、清丽的音乐，而且有抒情、优

孝义碗碗腔《婆媳情》

美、感人的唱腔，能表达生、旦、净、丑各个行当和各种不同人物的复杂感情。

孝义碗碗腔唱腔特殊，真假声混用，从而形成了婉转动听和别具一格的旋律，这种唱腔和月琴、胡胡、二弦等主奏乐器杂糅在一起，形成了极其和谐的效果。

碗碗腔的剧目分皮影剧目和戏曲剧目两个部分，不仅有较高的艺术性，而且也有较为深刻的社会性和思想意义，优秀的代表剧目有《昭君出塞》《困铜台》《双报恩》《柳树坪》《三上桃峰》《六月雪》《酸枣坡》等。这些传统经典剧目为凝聚民族精神、增强民族团结、激励民族斗志起到了重要作用。

今天，这一古老的艺术形式重新得到了发掘和发展。2006

孝义碗碗腔特有乐器

年，孝义碗碗腔被列入第一批国家级非物质文化遗产名录。2011年，曲沃碗碗腔入选第三批国家级非物质文化遗产扩展项目名录。

晋南眉户

眉户原称“迷胡”，又称“曲子”“清曲”，因曲调婉转缠绵，使人听之入迷而得名，主要流传于山西省南部以及陕西、河南部分地区，至今已有近三百年的历史。

晋南眉户的发展主要经过了民歌、说唱、家戏、职业班社四个阶段。明清时期，形成眉户的俗曲、小调在山陕黄河两岸的民间广泛流传。清道光年间出现晋南解州段耀功与河南灵宝民间艺人组织的业余班社，剧目有《光棍哭妻》《探情郎》等。

光绪末年至民国初年职业班社形成，先后出现新绛孙福盛、夏县高世维等班社，解州还有赵连城开设的眉户科班。此外，一些盲人和贫民走街串巷，用三弦伴奏、四页瓦击节演奏这些曲调，以打地摊演唱或为人婚丧、喜事助兴作为谋生的手段。

清乾隆年间流传下来的十二首汉族民歌曲调中的“两头忙”“醉太平”“银纽丝”等，是晋南眉户保留下来的主要曲调。早期的眉户演出，以“三小戏”（小生、小旦、小丑）为主，剧目内容多反映民间家庭生活故事。民国时期，在艺术上不断创新，吸收了蒲州梆子的锣鼓经、念白、帽翅、鞭子、口条、靴子、水袖、椅子等表演技艺，行当由“三小戏”发展到生旦净末丑齐全，出现了一批名艺人。眉户戏的特色乐器是中音三弦、板胡、笛子、四页瓦、水水（碰铃）等。随着剧情的丰富，现在已发展为中西混合编制的中型乐队。

艺人的创造性发挥最终形成眉户唱腔体系的“七十二大调，三十六小调”，在保持自身唱腔委婉悠扬的同时，弥补不易表现慷慨激昂情绪之缺陷。剧目也扩大到演出大本戏和连台本戏，内容丰富，题材广泛，善于挖掘人们熟悉的生活常理，用朴素的对白反映百姓生活，语言乡土气息浓郁，易记易唱。

眉户的传统剧目约有几百个，如《张连卖布》《烙碗记》《珊瑚坠》《如意壶》《阴阳扇》《三进士》等，现代剧目有《十二把镰刀》《夫妻识字》《兄妹开荒》等。这些贴近群众生

眉户剧:《十二把镰刀》《两亲家打架》

活的作品，为一代代人所传唱，成为当地百姓精神生活中不可或缺的部分。2011 年，晋南眉户入选第三批国家级非物质文化遗产扩展项目名录。

朔州赛戏

《说文》曰："赛，报也。"《经籍籑诂》说："赛谓报神福也。"赛戏源远流长，是古代的祭祀活动，意在酬报神福，祈求平安，是专为迎神祭祀而演出的。后来，人们把戏剧活动和祭祀活动有机地融为一体，又称"赛""赛赛"或"神赛"。赛戏发源于黄河流域的中原地区，明代初期，在晋南大规模向外移民的过程中，赛戏传到了晋北地区，经过几百年的演变，形成了傩戏的一个独立分支。

祭祀活动与古代农事耕耘有关。在生产力处于低级状态的条件下，古代劳动群众抵御自然灾害的能力极其薄弱，只好借助祖先的护佑和神灵的恩赐。在举行祭祀仪式时，人们用歌舞的形式来表达对神灵诚挚的感情，借以达到"娱神"的目的。远古的祭祀很多，其中主要有"祭社""祭稷"等，社（土神）稷（谷神）的祭祀活动，每年举行两次，春始于耕耘以祈谷物丰登，秋或冬收获后祭以报恩还愿。由于赛戏的演出是与祭祀活动紧密结合在一起的，因此有固定的"赛日""赛台""剧目"。赛日即祭神日期，赛台又称赛坛，专门用来演出赛戏。赛戏剧目大体分两类，一类是祭祀性的特有剧目，如

朔州赛戏面具

《调鬼》《斩旱魃》等；另一类是历史故事等其他题材的演出剧目，约有60余个，如《三英战吕布》《孟良盗骨》《幽州》《三关》《宁武关》等，表演原始朴拙，形式较为严谨，有自己特有的表演程式，戏中不设龙套，有将帅没有兵丁，有皇帝没有侍从。演出没有唱腔，只有道白和吟诵，吟诵时伴以锣鼓，起断句和烘托作用，此外还吸收了民间舞蹈、民间武术等表演技巧，所用乐器为锣鼓、镲、铙、钹等打击乐。

赛戏的舞台陈设很简单，通常仅一桌二椅，一挂大幔，两幅门帘。有时也将祭祀用的旗伞、面具等挂台上搭成神棚以点缀美化舞台。服饰穿戴亦很简陋粗糙，但面具造型生动，色彩鲜艳，风格古朴。

今天的晋北村镇把赛戏作为春节文娱活动的一种形式，每年都要在一些庙会上演出赛戏。农村多数地方没有专用赛台，一般在龙王庙、水圣堂或当地认为神威显灵的其他庙台演出。赛戏是融民间祭祀、表演艺术和民间礼俗于一体的具有浓郁边塞特色的戏剧形式，在我国戏曲文化中占有重要地位，是中华戏曲文化的活化石，在中国戏曲史、民俗史等研究中具有极其重要的参考价值。2008 年，赛戏入选第二批国家级非物质文化遗产名录。

上党二黄

上党二黄，俗称“土二黄”“上党皮黄”，是“西皮”与“二黄”的合称，作为一种南方形成的声腔，二黄是如何传入上党地区的无从查考，从发现的清乾隆中前期的舞台题壁可知，其在上党地区已经流传了二百多年。上党二黄是由上党梆子班社与昆曲、梆子、罗罗、卷戏等声腔同台演唱，现已成为独立的戏曲剧种，主要流布在晋城城区及周边地区。

上党二黄的唱腔分西皮、二黄两大种类。西皮腔高亢、圆润、清脆，具有北方剧种声腔之艺术特色，易于抒发感情，多被生、旦两行采用；二黄腔板式少，变化也不多，但委婉清丽、音调略低，具有南方戏剧之韵味。

上党二黄在艺术上注重唱、做两功，表演文雅朴实、细腻逼真，深受当地民众喜爱，常在游艺赛事与敬神时演出。传统剧目以英雄史剧、好汉侠义和家庭伦理题材居多，如《佘塘关》《清河桥》《苦肉记》《二进宫》《五丈原》《白帝城》《一捧雪》《虹霓关》《白鼠洞》等百余出。从行当区分，上党二黄生行戏多，旦行戏少，须生和文武小生的独角戏占绝对优势。其次是文戏多，武戏少。

上党二黄的演奏乐器也与众不同，有鼓、板、中音锣、钢叉、高调小锣等。文戏的主奏乐器是京胡，配奏乐器是月琴、三弦、二胡等。

上党二黄原为上党梆子五种声腔之一，在满足当地群众文化娱乐、传播传统文化方面发挥了重要作用，1949 年以后成为独立剧种，并成立了专业的晋城市城区二黄剧团。2011 年，上党二黄入选第三批国家级非物质文化遗产名录。

孝义皮影戏

皮影戏，又称“影子戏”“灯影戏”，有的地方又叫“皮猴戏”“纸影戏”，是一门集绘画、雕刻、文学、表演、光学、力学于一体的综合艺术，是我国重要的民间传统艺术。

孝义皮影戏是我国皮影戏的重要支派，因流行于山西省孝

上党二黄《打金枝》

义市而得名。据专家考证，孝义皮影起源于战国，是我国最早的皮影发源地之一，据史料记载，孝义皮影在宋金时代已有班规、雕簇者存在，说明孝义皮影在宋金时代已发展成熟。

皮腔是皮影戏的曲调，因皮腔音乐以唢呐为主要伴奏乐器，故又称“孝义吹腔”，是中国最早的民间吹腔之一。孝义皮影主要有皮腔纸窗影戏和碗碗腔纱窗影戏两种形式。皮腔纸窗影戏因其以白色麻纸做窗亮影，民间习称为“纸窗灯影儿”，又因其演唱时，以小唢呐为主要伴奏乐器，学术界称之为“吹腔影戏”；碗碗腔纱窗影戏，因其在演唱过程中，有一个“碗碗”状的铜铃（俗称“盅盅”）参与唱腔和曲牌的全部伴奏，

孝义皮影戏

并由它来掌握整个音乐节奏，故得名“碗碗腔”，又因其同时以纱为窗亮影，而称之为“纱影戏”。

明代之前，孝义皮影以羊皮为雕刻材料，体高 58 ～ 60cm，俗称“二尺影”。到清代，皮影体高缩至 42 ～ 48cm，俗称“五尺影”，以三岁牛皮为雕刻上等材料。皮影造型粗犷，简练夸张，线条遒劲有力，极富韵味；影窗效果清晰、明亮大方；音乐古老而独特，唱腔属于板腔体，但又保留了联曲体的混合节拍和强起强落的特点，唱词中方言土语朗朗上口。在表演艺人的操纵下，影人靠灯光的透射映现在屏幕上，随着乐器伴奏和唱腔的配合，做出各种动作，形成了栩栩如生的戏剧表演

形式。

孝义皮影剧目丰富，现收藏有200余本，这些剧本题材广泛，内容丰富，极具学术价值，对孝义皮影戏形成和发展的记录和研究，有助于探讨中国戏曲发生和演变的内在规律，了解皮腔原生态的唱腔结构。2006年，孝义皮影戏入选第一批国家级非物质文化遗产名录。

灵丘罗罗腔

“雁北十三县，都把‘罗罗’看”，唱的就是灵丘罗罗腔戏。

灵丘罗罗腔是全国地方稀有剧种之一，表演时一人在前台演唱，众人在后台帮腔，和之以“罗罗哟哟”之声，故名“罗罗腔”，由弋阳腔演变而来，主要流传于山西灵丘及其周边浑源、应县、繁峙和河北阜平等地，清朝乾隆年间较为兴盛，清末至民国时期渐呈衰颓之势。

罗罗腔唱腔优美动听，生活气息浓厚，吐字、念白里糅合了雁北的地方色彩，传统音乐唱腔有“九腔十八调，七十二哈哈”之说，现存唱腔主要有甩板、数词、流水、平板、垛板、散板、娃子、哭腔、起膛等十多种，其中数词是比较有代表性的唱腔。罗罗腔表演形式活泼，说唱性强，很有曲艺说唱的味道，其乐器与梆子剧种乐器大同小异，有的曲牌和锣鼓也是从梆子剧种借鉴而来的。文场伴奏乐器通常有小板胡、笛子、

灵丘罗罗腔

笙、唢呐、三弦等；武场打击乐有板鼓、战鼓、堂鼓、手板、小镲、小锣、中虎锣等。

传统代表剧目有《小二姐做梦》《卷席筒》《访山东》《煽火炉》《小王打鸟》《杨家将》《飞天闸》等40多个剧目。罗罗腔为今天了解戏曲传统、认识戏曲发展变化的规律提供了活生生的材料。2006年，灵丘罗罗腔被批准列入第一批国家级非物质文化遗产名录。

临猗锣鼓杂戏

临猗当地有句谚语："头戴金盔西瓜皮，身披铠甲两页席，腰缠玉带南瓜蔓，手拿长枪稻黍秆。要问我到哪里去，上庙祭神唱杂戏。"说的就是锣鼓杂戏的简单装扮。

临猗锣鼓杂戏，又称“铙鼓杂戏”“龙岩杂戏”，主要流行于以临猗、万荣为中心，包括河津、稷山、新绛、垣曲及夏县等地，是一种古老的仪式戏剧。它植根于民间，与民间信仰紧密结合，依附于祭祀仪式，以驱凶纳吉、祈福禳灾为目的，具有浓郁的宗教祭祀色彩，当地民众也称其为“杂戏”“杂耍”“土戏”“咚咚嚓”，学术界根据其伴奏乐器而称为“锣鼓杂戏”或“铙鼓杂戏”。按照旧俗，每逢正月，临猗县的龙岩寺都要演出锣鼓杂戏以敬神祀佛，因此又有“龙岩杂戏”之称。临猗锣鼓杂戏是目前山西省保留较全面、传承情况最好、最具代表性的地方特色戏剧。

锣鼓杂戏唱腔以吟诵形式为主，有少量曲牌，如“越调”“官调”“油葫芦”等；伴奏无弦乐，乐队由鼓、锣、唢呐组成，大鼓主奏，同时承担乐队指挥之责，基本鼓点有擂鼓、战鼓、走鼓、刹鼓、列儿鼓、跌场鼓、行营鼓等八种；表演程式是固定的，演员扮演的角色固定，每剧数十人，均为男性，且是家族世袭，演出时间为每年的春节前后或秋收后农暇。

锣鼓杂戏的传统剧目有近百个，内容以军事题材、历史故事和神怪故事为主，“三国戏”尤多，流传至今的有《伐西岐》《乐毅伐齐》《三请诸葛》等，现存有手抄本锣鼓杂戏剧目《铜雀台》等十余本，其中《会洛阳》系乾隆十二年（1747 年）抄本。然而，随着时代的变迁，剧本也散失殆尽，传承后继乏

临猗锣鼓杂戏

临猗锣鼓杂戏使用的乐器

人，现在搜集到的剧本有 50 多种，并且在演出中加入了女角。

作为迎神赛社活动中以驱邪纳福为目的而演出的仪式戏剧，锣鼓杂戏表演程式稳定，说唱艺术痕迹明显，其音乐唱腔、表演、乐器设置及演出程式均保留了宋金元杂剧的形态，这对了解戏曲的原生形态及其发展规律有着重要的意义。目前能演锣鼓杂戏的人越来越少，在娱乐形式多元化的影响下，子承父业的传统传承方式逐渐中断，新一代人又不喜欢听唱大戏，这些情形使锣鼓杂戏处于岌岌可危的境地，亟待抢救和保护。2006 年，锣鼓杂戏入选第一批国家级非物质文化遗产名录。

上党落子

上党落子是流行在山西晋东南一带的戏曲剧种，属于河北武安落子的支流。约在清朝道光年间，上党落子流入长治黎城县，称为“黎城落子”“黎城闹”或“闹戏”，后被定名为“上党落子”。

在发展过程中，不同的班社分别受到上党梆子和蒲州梆子的影响，因而在清光绪年间，上党落子又形成南路、西路两个艺术流派，两者在艺术上又相互借鉴和吸收，逐渐统一了风格。抗日战争时期，黎城落子成为宣传抗日、鼓舞士气、战胜敌人的有力武器。

上党落子的音乐唱腔是宫调式的，以板腔体为主，主要板式有流水、清流水、散板，其中流水使用量最大。曲牌分丝弦曲牌和唢呐曲牌两种，丝弦曲牌有“小八板”“备马牌”“春天乐”“万年花”“天下乐”“小桃红”等约 30 余种，唢呐曲牌有“大开门”“辕门鼓”“一支花”“到春来”“普天乐”“水龙吟”“将军令”“万花灯”“朝天子”“遍江南”等约 40 多种。这些曲牌大都是从上党梆子和“八音会”等民间音乐中吸收的，也有少部分是吸收其他兄弟剧种的。武场乐器有手板、老鼓、小锣、大锣、铙钹、梆子、小镲、唢呐等，文场乐器有胡胡、老胡胡、大笛、笛子、笙等。

上党落子的表演朴实自然、幽默风趣，曲调简练优美、好学易懂，行腔激昂、奔放，地方色彩鲜明，很受当地广大群众的欢迎，涌现出了一些十分优秀的上党落子表演艺术家，如李锁柱、王四虎、王三和、王淼荣等。

上党落子的传统剧目有 100 多种，如《程咬金招亲》《断桥》《杨七娘》《蝴蝶杯》《辕门斩子》《忠保国》《骂殿》《灵堂计》《穆桂英挂帅》等。上党落子板式丰富，声腔、念白以及脸谱、服饰、身段表演等都有独特的艺术价值。2008 年 6 月，上党落子入选第二批国家级非物质文化遗产名录。

芮城线腔

线腔，又称“线吼”“线胡”“线猴”，起源于傀儡戏，后称“木偶戏”。线腔起于汉，而兴于唐，繁荣于明清，明清时期

上党落子《程咬金招亲》

上党落子伴奏乐器

流派纷呈，名角辈出，距今已有一千多年的历史，据考证，线腔的发源地为晋南芮城，流行于晋、秦、豫接壤的三角地带。

线腔脸谱目前尚未发现有关文字记载的资料，但从图案设计和色彩运用上看，既有乡间杂耍等艺术成分，也有着明显的唐俑特点，木偶造型逼真生动，在掌心大的木偶面部涂以色彩，图案简洁，色调明快。提线是线腔戏曲的主要表现方法，也是线偶人的精髓所在。演出时，木偶在台上扮演各种角色，艺人们则藏身幕后通过提线来操纵木偶，表演者运用提、拨、挑、扭、勾、闪、摇等技巧赋予木偶以生命，使它神态百出，栩栩如生。在长期的发展演变中，受蒲剧、秦腔等剧种影响，线腔博采众长，浓郁的地方音调中，悲怆苍凉而不失激情，委婉细腻又不失刚烈，极富抒情色彩，深受群众喜爱，是全国独一无二的小剧种。

线腔的音乐曲调可分为“线腔”和“乱弹”两大类，乱弹有慢板、二八、流水、散板等板式，不同行当有不同的演唱方法。伴奏乐器有干鼓、暴鼓、笛子、大小不同的锣、二胡、单胡和弹拨乐器等。线腔的传统剧目很多，代表性的有《青衣计》《钟鼓计》《怒沉百宝箱》等。

在表演程式上，木偶换真人，小戏变大戏，是线腔艺术的一个重大突破和创举，是一次飞跃与升华，把线腔剧历朝历代由一人说戏变为分角色扮演。革新后的线腔剧改为演员登台，

芮城线腔

排练中的线腔艺人

按角色扮戏，体情摹态，各尽其美，大量的青年演员登台做戏，为线腔艺术输入了新鲜血液，尤其是女演员登台表演，更为线腔增加了光彩，具有划时代的重大意义。

近年来，芮城线腔日渐式微，为保护和传承芮城线腔这一艺术瑰宝，运城市芮城县积极开展传承和保护工作，通过老艺人“传帮带”一些有志于传承艺术的年轻人，共同承担起芮城线腔的保护抢救和整理传承的责任。2014 年，芮城线腔入选第四批国家级非物质文化遗产代表性项目名录。

民间美术

生活在黄土地上的山西先民们，创造出了灿烂丰富的历史文化遗产。艺术来源于生活，将日常生活中的物体艺术化，或者将艺术想象融入日常生活中，直接促成了民间美术的产生和发展，这些不入教科书的民间美术，在生活中俯拾皆是。又由于历史上的山西交通不便，长期处于封闭状态，很多古老的民间美术技艺得以完整地保留下来，种类繁多，工艺各异，内涵丰富。

这些传统的民间美术作品的传承者和制造者，大都是农村妇女，因而面塑（也称面花）、剪纸、刺绣、布制品等格外独特而普遍：历史文化积淀浓厚、充满浓郁生活气息的各类剪纸；造型美观、工艺独特的面塑；工艺精美、栩栩如生的刺绣；憨态可掬、灵巧可爱的布老虎；还有制作精巧、造工卓异的漆器云雕、彩门楼、纱阁戏人等。许多历史悠久和技艺精美的传统民间美术都被列入了国家级的非物质文化遗产项目名录中。

民间美术产生在劳动者之中，劳动者的审美情趣又直接受他们所处的地理环境、社会生活和社会心理的影响。凭黄河水、黄土山养育的山西人民具有粗犷豪放、朴实敦厚的气质和性格，他们飞剪走纸，飞针走线，将自己的情思、才华和美好的心愿都倾注在朝夕相伴的艺术品中，构成了特有的地域习俗与人文心态，并显示着极高的审美价值。

剪纸

郭沫若先生曾以“一剪之趣夺神功，美在民间永不朽”的诗句赞誉中国民间剪纸艺术。剪纸，已经在某种意义上成为了中国文化的一种象征。

山西地处太行山之西、黄河以东，民间剪纸艺术分布于各地，从风格上说，基本上分为粗犷质朴的单色剪纸和婉约柔丽的彩色染刻纸两大类，前者遍布晋南、晋东南、晋中、晋西北，后者集中于雁北一带，尤以广灵称最。

剪纸在民间的流行，往往伴随着生辰、婚嫁、丧葬、喜庆节日和其他日常生活。因风俗各异，山西各地剪纸呈现不同的艺术特点：吕梁地区的剪纸含有汉代石刻艺术所具有的质朴、粗犷、雄浑、博大之气；晋南剪纸刀笔遒劲，酣畅淋漓，且具有粗中见细、拙中藏巧的特点；雁北的广灵、灵丘剪纸凝重而艳丽，既有塞外之野趣，又存关内之隽秀；而地处山西腹地的晋中剪纸，则呈圆润秀丽、纤巧精细的风格。

中阳剪纸

中阳县位于黄河中游黄土高原的吕梁地区，这一带民俗文化积淀深厚，保留着较为完整的原生态人文环境，形成了中阳

中阳剪纸《婚俗》

剪纸古老的民俗文化内涵与艺术形态。中阳剪纸主要取材于身边的事物，结合原始文化积淀，应用细致的创作手法，表达群众的情感和观念。

中阳剪纸主要分布于中阳县境内南川河流域、刘家坪和西山边远山区，南川河流域的民俗剪纸风格细腻、古朴典雅，在中阳剪纸中占据主流地位，刘家坪的剪纸风格淳朴、刚健，西山边远地区的剪纸风格粗犷、雄浑，三种风格相依相存，丰富了中阳剪纸的特色。

中阳剪纸与当地传统民俗文化血肉相连，以中阳当地的民俗信仰、岁时节令、人生礼仪、神话传说为主要表现内容，其中既有以鱼、蛙、蛇、兔为主题的装饰纹样，也有配合岁时节令、人生礼仪的仪式剪纸，还有以民间神话为题材的故事剪纸。中阳剪纸多以红纸剪成，体现着喜庆、热烈的民俗气氛，有时也根据风俗习惯，运用紫、黑、黄、绿、蓝等彩色纸剪制作品。中阳剪纸的主要作者是中阳农村中的劳动妇女，剪纸是她们日常生活中的一项重要内容，是她们审美情趣和聪明才智的集中表现，富有浓郁的山野泥土气息和原始质朴的艺术美感，生动形象地记录了劳动妇女的理想和追求。其技艺的传承关系一般是自发的，亦有以家族方式传承的，现在主要传承人有王计汝、高宝香、刘玉莲等十几人，年龄均已在 60 岁以上。

中阳剪纸还蕴藏着大量的极具历史文化价值的图腾符号，至今仍较完整地保留着较多的古代文化信息。那些没有文字记载、只能靠历史传说和地下发掘来猜测和印证的文化信息，在中阳民间艺人的剪刀尖上丰富地表现并保存下来。2006 年，中阳剪纸入选第一批国家级非物质文化遗产名录。

广灵窗花

广灵县位于山西省东北部，素有“塞上明珠”之美称。广灵剪纸，当地俗称“窗花”，是长期流传于晋北地区并具有

浓郁乡土气息的民间剪纸艺术。广灵剪纸源远流长，据专家考证，初唐时已具雏形，到明代形成独特的风格，并沿袭至今，属于中国民间剪纸的三大艺术流派之一，在剪纸艺术中占有突出的地位。

广灵剪纸

广灵染色剪纸属于剪纸中的染色刻纸类，是国内少有的以阴刻为主的点彩剪纸之一，是特有的一种剪纸艺术样式，图案处理刻制精巧、造型写实、色彩艳丽。一张剪纸的成形要经过设计图样、拔样、熏样或晒样、刻制、剪裁、染色等多道工序。

传统的广灵剪纸作品形式多样、内容丰富：有戏剧人物的故事或脸谱，如三国、水浒、西游记等，也有水神、灶神、八仙等各路神仙。此外，借助大量的谐音、比喻等方法，广灵剪纸习惯用一些特殊的动植物来表达吉祥或某种良好的愿望。广灵剪纸的作者大都是农民艺术家，并没有接受过专业的美术训练，其用材简单，颜色鲜艳，图案吉祥，表现出一种质朴粗犷的艺术风格。

广灵剪纸表现民间礼仪活动的内容很多，新年要挂春幡、剪门神、贴窗花，元宵节要挂灯笼，二月二要剪龙、牛来祈祷风调雨顺，七月七姑娘们要举行剪花样的比赛。此外，在生子、婚嫁、寿诞等日常的民俗活动中，也需要象征美满吉祥的各种剪纸来烘托热闹喜庆的氛围。广灵剪纸符合晋北人的大众审美趣味，具有广泛的群众基础和长久的生命力，而且体现了不同岁时节令和人生礼仪中人们不同的民间习俗活动，对研究晋北地区的民俗文化具有重要的价值。2008 年，广灵剪纸被列入第二批国家级非物质文化遗产名录。

静乐剪纸

静乐剪纸，素有“一剪之趣夺神功，美在民间永不朽”的美誉，是真正扎根于民间的平面艺术。静乐剪纸是岁时节日重要的装饰品，因用途的不同，一般分为窗花和墙花两种

静乐剪纸

类型，窗花是贴在窗户纸上的装饰品，图案较小，内容大都以花卉为主，墙花是贴在室内白墙上的，是农家过春节的必备装饰品。

静乐剪纸是全国剪纸中风格较为独特的一种，造型广泛，有人物、花草、鸟兽、虫鱼以及与生活紧密相关的各种物象，题材多样，大多取材于民间日常生活场景、民间习俗风貌、祭祖婚嫁祈福等，无所不包。创作特点是颜色单一，以红色为主，不受尺幅限制，以阴刻为主，阴阳结合，线条粗犷豪放，浑厚有力，行走流畅，取舍精当。许多作品运用简练粗壮的线条，对形象进行大胆夸张的刻画，达到求意境、求神似、求情趣的艺术境界。因创作者与题材都来自民间，静乐剪纸的作品大都充满浓郁的生活气息和民俗色彩，更多地保持着晋西北土、粗、野的原始风格，看上去粗中有情，野中有味，虽土而工，别具一格，洋溢着黄土高原的泥土气息，显示着黄河文化的古老文明。2014 年 4 月，静乐剪纸入选第四批国家级非物质文化遗产扩展项目名录。

闻喜剪纸

闻喜剪纸以传统主题纹样闻名于省内外，从夏代记岁按历法演变过来的《鹿头花》《扣碗》《老鼠嫁女》《麒麟送子》《龙凤配》等闻喜剪纸作品，造型古朴，构图严谨，线条浑厚，形

闻喜剪纸《西施》

闻喜剪纸《杨贵妃》

象地记录了中国远古物候文化，引起了国内外历法、艺术、民俗等各方面专家的重视。

闻喜剪纸历史悠久，源远流长，作品分为花卉、禽鸟、昆虫、十二生肖、龙凤、人物、山水云石、对称折叠、吉祥福寿和时政长卷类。各类剪法因画面不同而手法各异，色泽上又分单色剪纸、染色剪纸、拼色剪纸和综合剪纸。

闻喜剪纸广泛用于生辰、婚嫁、丧葬、节日和日常生活等诸多民俗风情中，随着社会的发展，剪纸内容和样式不断丰富。图案式样主要有双喜字系列、福寿字系列、丹凤朝阳、福寿双全、鸾凤绶带、麒麟送子、龙凤呈祥、鸳鸯戏水、百鸟朝凤、五福捧寿、鱼跃龙门、三羊开泰等；人物长卷有红楼图腾十二裙钗、裴氏宰相长卷、关公系列长卷、二十四孝、中华民族长卷、中华姓氏图腾长卷等。

闻喜剪纸文化内涵丰富，不仅表现了中华民族淳厚的民情民风，而且融入了各族人民的思想情感，使我们可以领略到民族艺术的神韵，具有重要的文化艺术价值。2011 年，闻喜剪纸入选山西省非物质文化遗产名录。

面塑

面花俗名“花馍”“窝窝花”“糕花”，也称“面塑”，是流行于山东、山西、河南、陕西、甘肃等北方地区的一种传统食用塑作艺术，同时也是一种与民众生活十分贴近的节俗艺术。面花的起源与传统民间的饮食和信仰习俗有着密切的关系，有着悠久的发展历史。

在山西，面花塑作具有深厚的群众基础，每逢传统佳节，家家户户都会依照当地的习俗和惯例制作面花。这些面花制品形式多样、姿态各异，兼具供奉、观赏和食用等多种功能，也可以用作馈赠亲友的礼品，成为民间社会交往的重要媒介。这种自发的面花塑作活动充分展示了民众的审美理想和艺术才能，使蕴含在民间习俗中的文化传统得到自然的传承和彰显。各地不尽相同的风土人情和礼俗讲究造成面花艺术丰富的表现形态和鲜明的地域特色，面花制品别致的造型和斑斓的色彩将传统节日的文化空间装点得分外美丽。

在山西的每个县市，面塑几乎随处可见，艺术风格五花八门，各具特色，丰富多彩，体现了黄土高原古朴、粗犷、豪放、深厚的民俗风格和习性。面塑的历史发展、分布区域及制作风格，是研究山西区域历史、考古、民俗、雕塑、美学等方面不可忽视的实物资料。

山西省列入国家级非物质文化遗产保护项目的面塑艺术有阳城焙面面塑、闻喜花馍、定襄面塑、新绛面塑、岚县面塑等。作为一种民间生命力极强的造型艺术，面塑生长和扎根于

民众生活，无处不在，无时不有，是民俗风情的一种表现方式，也是一种食品文化，更是一种艺术形态和民间情趣，其独特的体系程式、造型意识和方法，内涵的人文思想及发展，都有着亟待开发的深刻内涵。

阳城焙面面塑

阳城县位于太行、太岳、中条山之间，山高谷深，重峦叠嶂，历史文化底蕴深厚，构成了当地民俗文化形成和传承的特殊地理环境。在长期的生活生产中，随着社会的发展和人们精神生活需求的提高，许多与民俗活动相适应的礼仪文化、饮食文化长久传承并不断丰富，焙面面塑食品工艺就是其中之一。焙面面塑也称“焙面娃娃”，是在每年农历七月十五，娘家为闺女送“十五”时所带的礼馍。

面塑根据制作方法的不同，有生面塑、炸面塑、蒸面塑和焙面面塑。其中，焙面面塑就是指焙面娃娃，造型精巧，是人们基于日常生活而创作出来的艺术作品，在整个中国面塑艺术中占有极其重要的地位，不仅丰富了我国的面塑历史，而且有很重要的艺术价值和研究价值。

焙面娃娃的制作工艺为阳城所独有。制作工具有特制的砂土套锅、木梳、菜刀、剪子、大茴香、竹签等，主料为上好的麦面，辅料是杏仁水、糖稀搭色水、黑豆、花椒子等，闻着香、吃着脆，是阳城最有特色的面食。

焙制套锅是制作焙面娃娃的独特工具，铁锅内壁用砂土抹过一层泥浆，分上、下两口锅，焙时两口锅预先烧热，一口锅扣在火口上，锅底上置鏊子，捏好的面娃娃放在鏊子上，再将另一口锅扣在鏊子上，面娃娃凭上、下锅散发的热烤熟。

焙面娃娃《铁拐李》

焙面娃娃表现内容丰富，有传说故事、戏曲人物，还有动物飞禽、花鸟鱼虫。如结婚时送“嫦娥奔月”“梁祝姻缘”“并蒂莲花”等造型；满月时送“宝莲灯”“送子”“金鱼戏水”和“十二生肖”等；寿诞送“老寿星”“钟馗斩鬼”“八仙过海”等人物形象，形体

焙面娃娃《何仙姑》

生动，神韵感人。经过几百年的传承和发展，伴随着农历七月十五的习俗，焙面娃娃与蒸老娃娃、面羊献地官爷的习俗融合在一起，使这一民俗活动进一步丰富起来。1994年，焙面娃娃参加山西省文化厅举办的“山西民间艺术一绝”大展，选送30余件作品，一举夺魁，荣获金奖，后又参加中国文化部“中国民间艺术一绝”大展，选送18件作品，获集体金奖，使这一土生土长的民间艺术大放异彩。2008年，“面花·阳城焙面娃娃”入选第二批国家级非物质文化遗产名录。

新绛面塑

新绛面塑是山西晋南面塑的一种，注重彩色点染，花色绚丽，所以当地人称之为“花馍”。据史书记载，早在宋代，人们就开始用白面塑成猪、羊，代替真猪、真羊祭祀。此后，这种既经济又实用的办法便在古绛州一带沿袭下来。

作为小麦的主要产区，晋南城乡大部分家庭妇女都会捏制各种造型的花馍，久而久之，一些家庭妇女熟能生巧，花馍的捏制水平不断提高。这种民间活动造就了大批捏制花馍的能工巧匠，而且世代相传。

逢年过节，这里家家户户都要捏制出千姿百态的面塑，作为人生仪礼、岁时节日等民俗活动中馈赠、祭祀、喜庆、装饰的信物或标志。这些花馍会在大庭广众面前展示，从而得到品

新绛面塑传承人王文华制作《八仙庆寿》面塑寿桃

评，大家的肯定和赞扬无疑成了推动捏制花馍的一种动力。新绛面塑的品种多达 60 余种，受面质软、发酵状况所限，所塑之物，在造型上极度简练概括，不重写实而以神似为主，似陶非陶，像瓷非瓷，极富观赏性，有着很高的艺术价值和文化价值。2008 年，新绛面塑入选第二批国家级非物质文化遗产名录。

定襄面塑

定襄面塑，又称“定襄面花”，是远古人类饮食文化、民俗文化和民间美术的综合遗存，是中国古代文化的活化石。

定襄面塑是忻定盆地面塑的代表，将面粉发酵后，用手和

简单工具塑制成各种人物、飞禽走兽、花鸟鱼虫、吉祥饰物等形状，或成套组成著名历史、神话、传说、戏剧故事，分彩色和素色两种，彩色是用彩色面或经蒸熟后施以彩绘而成，素色是保留素色的民间面食塑制工艺品。

定襄面塑一般用于民间婚丧嫁娶、敬神拜佛和岁时节令等民俗活动的礼品、供品和主打食品等。全年各个岁时节日的祭祀活动，都要使用造型丰富多彩的礼馍，如春节时的面塑。定襄面塑主要是枣山，用于供奉灶神，二月二再开山，家里人一起吃枣山。清明寒食节捏“寒燕儿”，七月十五蒸面人，祭祖上坟等。女儿出嫁、婴儿出生、老人寿诞等又有寓意不同的各种礼馍。

定襄面塑所表现的内容极为丰富，形象塑造简练概括、粗犷豪放，夸张的形态显得朴实敦厚，透出一种天真烂漫的神韵，极富地方特色。定襄面塑反映着当地民众的饮食习俗和审美情趣，洋溢出民间艺术的朴素之美，凭借丰厚的文化内涵引来关注目光，许多从事民俗和民间艺术研究的专家将定襄面塑与剪纸、刺绣、雕刻等民间艺术联系在一起进行综合性研究，从中探寻中国民族艺术的渊源、产生和发展规律。2008 年，“面花 · 定襄面塑”入选第二批国家级非物质文化遗产名录。

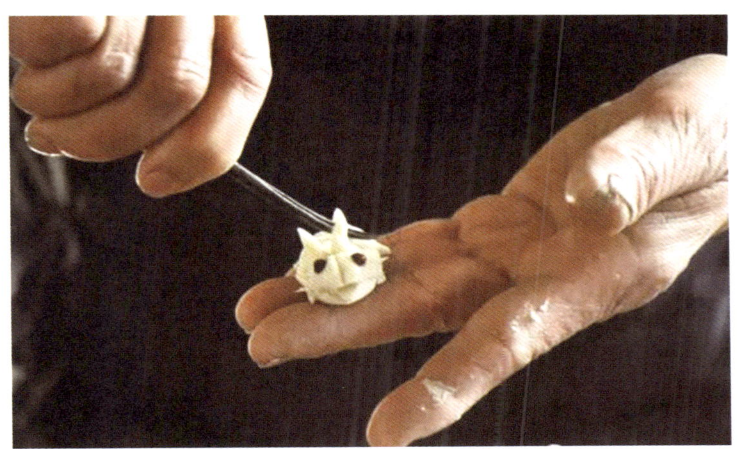

定襄面塑制作

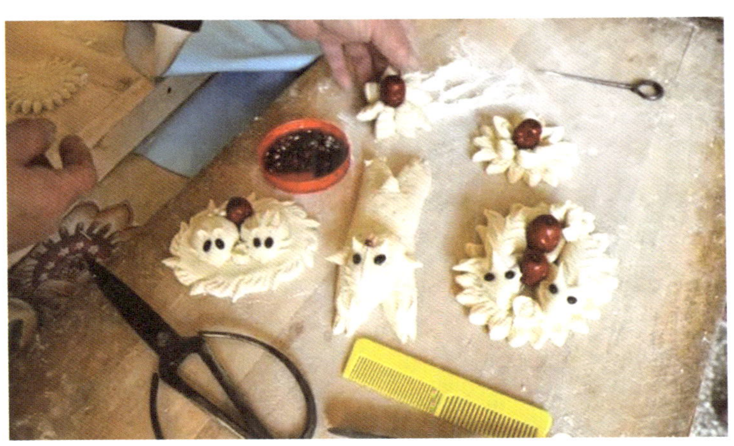

定襄面塑制作工具

岚县面花

岚县有“面塑之乡”之称，面塑大都出自农村、乡镇、城市家庭妇女之手，形式、用途、色彩都与当地民俗活动、民俗风情紧密联系并发展变化着。

岚县面塑手法多样，色彩绚丽，充分利用了剪子、梳子、竹签、切刀、筷子等各种工具，配以红枣、麦子、高山花黄、红豆等辅料，表现出整体夸张变形与局部细腻传神的艺术效果。岚县面塑按照色彩可分为彩色和素色两大类，而素色面供又按形制大小及敬献方式不同分为吊供和摆供两类。

岚县面塑制作题材多样，内容丰富，有的取材于信仰传说和民间故事，如观音像、弥勒佛、财神爷、老寿星儿、八仙过

岚县面花

海等，有的取材于生产生活，如谷穗、玉米、牡丹、梅花、喜鹊、孔雀、鹿、龟等，也有的取材于古村落民居、钟鼓楼等建筑题材，流露出当地群众的审美情趣，凝结着一方乡民的智慧和情感。

每年农历二月十九日，岚县都会举行传统的古庙会，即“供会”，主要活动形式就是摆供。每年这一天，当地百姓用技艺精湛、制作精美的面塑供品进行祭祀活动，孔雀开屏、龙飞凤舞、百鸟朝凤、悟空降妖、松鹤延年、鱼跳龙门……一团团面在岚县手艺人手里随意搓揉，灵巧刻画，一个个栩栩如生、既有故事情节又有文化内涵的艺术品便呈现在大众面前。2014年，岚县面花入选第四批国家级非物质文化遗产代表性扩展项目名录。

岚县供会

刺绣

源自民间、源于生活的中国刺绣艺术，经几千年的传承发展，从生活中得到升华，成为璀璨的艺术明珠。山西民间刺绣历史悠久，题材广泛，内容丰富，既反映山西风土人情的特色，又有自己独特的艺术风格。根据不同的表现手法，山西的刺绣一般以平针、乱针、打籽、盘锦、抽纱、堆锦、套口、勾针、空扎、砌花、割花、挖补、粘贴等为主，各种技巧又相互交融，结合使用，形成了山西刺绣浓烈、粗犷、朴实的地方风格。

上党堆锦

上党堆锦，俗称“长治堆花”，也被称为“立体国画”，是一个地域性民间本土手工艺品种。在古代的织物中，“锦”是代表最高技术水平的丝织品，所以堆锦的用料和工艺都极为考究和昂贵。堆锦的历史，可以追溯到隋唐时期，到民国年间，收藏上党堆锦成了达官贵人、商贾富豪追逐的一种时尚和显示身份的资本。

上党堆锦以丝绸织物为主要面料，草板纸、棉花为骨架，经剪裁、贴飞边、压纸捻、絮棉花、拨硬折、捏软褶、渲染描

上党堆锦

绘等十余道工序制成，单体造型小巧精致。因制作中各部分棉花的厚薄不均，边缘粘贴的纸捻粗细各异，再加上拨折叠压时的顺序变化，使作品产生很强的立体感。

堆锦中的人物栩栩如生，动物活灵活现，花草逼真诱人，尤其是堆制出的佛和菩萨的造像，不仅体现出了传统佛教艺术中的庄严、肃穆和神秘的色彩，而且成功地融入了现代人的审美情趣，将温柔婉约之美和崇高庄严之美融合在一起。精湛的工艺、独特的层次、变幻莫测的纹理、优美而不失质朴的情趣，形成了堆锦独特的视觉效果。

上党堆锦传承人还成功研制出西方油画堆锦作品，东西方艺术的巧妙融合，促进了堆锦艺术的不断创新和发展。目前，主要有涂氏堆锦和弓氏堆锦两大流派，涂氏堆锦的特色表现为

与佛教文化紧密结合，大量作品以佛教文化为题材；弓氏堆锦则保持了中国画的燥润干湿、虚实并重的笔墨韵味，并经过精良的选材和技术革新，使作品不生蛀、不褪色，能永久保存。现存于祁县乔家大院、灵石王家大院、榆次常家庄园的数十幅上党堆锦精品，均制作于 19 世纪 80 年代末到 20 世纪 40 年代初。1949 年后，上党堆锦重现生机，其间的优秀作品《各族人民大团结》《和平与友谊》《八仙过海》等多次获得国家级、省级奖项。

上党堆锦把绸缎的雍容华贵和浮雕强烈的立体效果融为一体，把布艺、绘画、浮雕等诸多民间艺术成分集于一身，形成了绚丽辉煌的视觉效果，是我国民间传统美术中的一朵奇葩，堪称“中华一绝”。2008 年 6 月，上党堆锦入选第二批国家级非物质文化遗产名录。

黎侯虎

黎侯虎是一种布老虎，发源于山西黎城县，因黎城古称黎侯国而得名，世代传承不绝，是黎城民间美术的精品。商周时期，“虎”是黎城境域的图腾，从黎城西关村出土的西周古墓可以看出，虎形器在当时民众的日常生活以及祭祀、军事活动中都占有重要地位，是当时社会风俗与精神信仰的重要特征。黎城民间虎形器物形态多样，分别由玉石、草编、剪纸、根

黎侯虎

雕、刺绣等材质制作，但是，最具有代表性、最富文化传统特色的当数布艺刺绣黎侯虎。黎侯虎造型简练生动，四蹄直立，昂首挺胸，虎虎生威。1997 年在来自全国的众多“虎”中技压群芳，被国家邮电部选为 1998 年寅年生肖邮票图案。

今天的黎侯虎选择代表喜庆的红黄两种颜色的布料制作，虎身内以谷糠、木屑填充，用蓝缎缝制眉目以体现虎的威严，虎体纹饰是旋风图案，有“三、六、九”分，取平平安安、顺顺当当之意，其整体造型粗、短、胖，头微微昂起，无尖角和硬刺，憨态可掬。此外，黎侯虎的作品讲究雌雄配对，雌雄的区别在于虎脊的纹饰，用整块布料剪成一阴一阳、阴阳相合的波纹状，分别贴于雌雄两虎背上，从而区分其雌雄性别，表达了民间传统的阴阳结合、生生不息的生殖繁育观念。

黎侯虎是黎城民间手工技艺的一个缩影，集历史传说、对虎的原始崇拜、图案纹饰和所昭示的信仰与审美观念为一体，以高度概括手法塑造而成的黎侯虎造型生动，昂首直立，威风凛凛，以艺术的直观方式寄托了民众扶正祛邪、万事如意的美好祈愿。受传统文化浸润的黎侯虎乡土气息浓郁、地域特色鲜明，不仅具有很高的审美价值，而且具有丰富的民俗内涵，为民俗学和山西地方历史文化的研究提供了重要参考。2008 年，黎侯虎入选第二批国家级非物质文化遗产名录。

漆器髹饰技艺

平遥推光漆器

推光漆器，是一种工艺性极高的油漆器具，是汉族传统的手工艺珍品，因手掌推出光泽而得名。

平遥推光漆器，始于唐开元年间，盛于明清，距今已有 1200 多年的历史，被誉为“三晋名产”“平遥三宝之首”，其外观古朴典雅，闪光发亮，绘饰金碧辉煌，手感细腻滑润，耐热防潮，经久耐用，以特有的自然生漆和人工手掌推光的独特工艺著称于世，是中国四大漆器之一。

平遥推光漆器的生产有精湛的成套技艺，其制作过程主要包

平遥漆器屏风

括以下步骤：（1）用特殊配方、技艺及设施炼制大漆；（2）以大漆和天然桐油炼制罩漆；（3）木胎披麻挂灰，生漆灰须褙布，猪血灰须披麻，黄土胶则需褙纸；（4）以人发、牛尾制作漆栓（髹饰工具）；（5）在特设的阴房内阴干漆器；（6）描金彩绘，包括平金开黑、堆鼓罩漆、勾金、罩金和蛋壳镶嵌等传统技法；（7）用砂纸、木炭、头发、砖灰、麻油等逐次推光，使漆器光亮如镜；（8）采用镶嵌、镂刻、罩金、刻灰等技艺进行装饰。

在制作过程中，对绘画和镶嵌技术的要求最高，画工必须

学习绘画四年以上，掌握了绘画的基本技巧，才允许在漆面上勾红点翠，独立操作。刻绘工人的刀锋，要求像笔锋一样，粗细相间，深浅适度，起落自如。工人们把河蚌壳、螺钿、象牙以及彩色石头等这些原料加工成各种原件，由镶嵌工人根据图案的要求，巧妙地镶妥粘牢。

平遥推光漆器髹饰品分为实用品（如漆柜、漆箱、条案、茶几）和陈设品（如屏风、漆画）两大类，具有很高的实用价值和工艺价值，为广大群众所欢迎。推光漆器技艺还普遍用于宫廷、庙宇、厅堂、文房的陈设装饰，取得了良好的艺术效果。2006 年，平遥推光漆器髹饰技艺入选第一批国家级非物质文化遗产名录。

新绛云雕

剔犀，为雕漆工艺之一，雕漆始于唐代，剔犀定型于宋代，是山西省新绛县地方传统工艺珍品，因其图案多以回旋生动、流转自如的美丽云彩组成，故又称为“云雕”。

据《新绛县志》记载，明代嘉靖年间，绛州名匠张凡娃结合本地漆器特点，经过精心研制，创造了具有北方特色的剔犀漆器，后经历代能工巧匠竞相雕琢，遂代代相传。

剔犀是我国漆器工艺生产中较为繁杂的一种髹漆工艺，以制作精巧、造工卓异取胜，从木材选料到裱胎、灰胎、髹漆、制图、雕刻、推光等各个工艺流程都必须严格把关，都要有丰富经验的技工操作。首先在优质木材胎体上将朱、黑、黄等两种或三种色漆髹上，逐层堆积到一定厚度（约0.3mm ～ 0.5mm），一般要涂饰80道左右，上一道漆，阴干后再上一道，各种色漆每层要上好几道，所有漆上好要用月余时间。整体阴干后，放一段时间才能描绘图案和雕刻，用“V”形刀雕刻花纹，刀口处可见不同的色层，每个图案都要反复雕刻、修整，直到深浅、宽度、厚度都达到要求才合格，而后再进行其他工艺。

新绛云雕产品造型古朴雅致，漆光晶莹照人，雕刻精细入微，图案层次鲜明，特别是云雕案桌，那绮丽多姿的彩云图案

形象逼真，巧夺天工。作为制作工艺难度极高、工艺复杂的特种手工漆艺，新绛云雕是中国漆器文化遗产中颇为珍贵的种类，堪称“中国一绝”，唯独山西省新绛一地尚存，被视为中国漆器文化遗产中的珍品。2011 年 6 月，云雕被列入第三批国家级非物质文化遗产扩展项目名录。

其他传统美术

清徐彩门楼

清徐彩门楼是一项集民间彩绘、传统手工技艺、民间古建营造技艺于一体的综合性艺术，主要流行于太原、清徐及其周边地区。“狮子龙灯跑旱船，彩楼当街撑面面”是流传在清徐的民谚，形象地概述了清徐彩门楼在当地民俗活动中的重要地位。

清徐彩门楼起源于唐代，当时的清徐县城，交通便利，商铺林立，经济繁荣。逢年过节，人们在附近的山里采回柏叶绑在竹杆或木棍上，插在自家房顶的最高处，祈盼来年商铺兴旺、家人祛除百邪，且年年造型不同，极具观赏价值。后来历经商家们的多次改进，由最初的柏叶门楼发展到柏叶彩门楼、扭彩彩门楼、彩绘彩门楼。

随着时代的发展，人们不断用新的材料来反映他们的审美倾向，每逢春节、元宵节，各村、各户、各商号、各单位依着自己的喜好和要求，大部分都要搭置门楼，有的搭柏叶门楼，有的搭柏叶彩门楼，还有的搭制华丽而美观的彩门楼，整个清徐县城被千姿百态的彩门楼打扮得庄严雄伟，富丽堂皇，充满了节日的喜庆和欢乐气氛。此外，喜庆宴会、商务活动或民间婚丧嫁娶时，也会临时搭建彩门楼。

现在的清徐彩门楼采用现代声光电技术，成为集古建筑技艺、美术、彩绘、现代技术相结合的具有深厚文化内涵的观赏性建筑，每个彩门楼从设计到搭制彩绘，无论是造型色彩还是对联，都彰显了清徐人民深厚的文化底蕴和聪明智慧。清徐彩

门楼是我国仅有的一种门楼艺术样式，在全国的民间艺术中占有相当突出的地位，具有较高的历史价值和观赏价值。2011年，清徐彩门楼入选第三批国家级非物质文化遗产名录。

平遥纱阁戏人

纱阁戏人，因将采用多种工艺手法制作成的泥塑戏剧人物置放在碧纱遮罩的木制阁内而得名，是一种具有丰富文化内涵的造型艺术。

明清时期，纱阁戏人已经流行于晋中地区。现藏于山西省平遥县清虚观内的纱阁戏人，是清代光绪三十二年（1906年）平遥纸扎店铺六合斋民间艺人许立廷的作品，当时每阁工价2000文钱，原为36阁，现存28阁，有百余个造型各异的戏剧人物。在每个约70厘米高的木阁舞台里，陈列着3个到4个50厘米高的戏剧人物造型，有文有武，有坐有立，生旦净丑，样样皆有，形态优美，面目传神，装束逼真，多选择剧中精彩场面，展现刹那间的情景，有的张口高唱，有的刀枪对打，道具精致，妙趣横生，引人入胜。阁内的横额上都题写有剧名，有些还刻在木阁的地板上。纱阁戏人一般是由票号商家出资，由著名的民间艺人制作，于每年春节和元宵节闹社火时，专门陈列于县城中心的金井市楼内通道两侧供游人观赏。

整个纱阁戏人由场景、骨架、泥塑、上色、装饰、隔断道

平遥纱阁戏人

具等六部分构成，制作技艺十分繁复精湛。纱阁戏人所表现的内容，多取材于当地老百姓熟知和喜爱的传统剧目，如神话故事、民间传说、侠义传奇、男女爱情等，有文戏、武戏和短打戏等类别的区分，角色则生、旦、净、末、丑行当齐全。从平遥纱阁戏人的《满床笏》《断桥》《恶虎村》等剧情看，古代匠师把人物表情、剧情高潮同搭骨架、定架式等紧密地结合起来，使这些纱阁戏人一个个造型生动，栩栩如生，实为不易。

纱阁戏人有很深的历史文化渊源，不仅与宋代以后民间丧葬礼仪中纸扎明器的传承和元代杂剧的空前兴盛有关，还与明清时期民间祈子风俗有关，更与平遥晋商大都会的商贸习俗有

关。明清时，平遥是商贾云集之地，当地的纸扎业因丧葬习俗中的攀比之风而兴盛，加上晋商与戏剧票友的推波助澜，纱阁戏人逐渐成为当地的一道文化景观。

平遥纱阁戏人有极高的艺术价值、文物价值、美学价值，集雕塑、纸扎、戏剧、造型、色彩、舞美于一身，用独特而高品位的艺术手段，展现了民间艺术匠师的超凡技艺，是研究中国传统戏剧和民间美术难得的实物资料，是平遥古城所独有的一份珍贵的民俗文化遗产。2011 年，纱阁戏人入选第三批国家级非物质文化遗产名录。

永乐桃木雕刻

芮城县位于九曲黄河秦、晋、豫三省交界处，永乐镇（原永乐宫旧址）吕公祠在县城西南 20 公里处，因当地人笃信道教仙长吕洞宾故里出产的桃木吉祥物最有灵气，在人们传统观念中素来有辟邪镇宅的功用，所以世代居于此地的李氏家族（传说吕洞宾俗家姓李）将桃木手工雕刻技艺继承并发展至今。

桃木雕刻做工精湛、造型古朴，工序考究繁杂，有取材、下料、阴干、雕刻、打磨等 11 道核心工序，制作周期长达数月或一年之久。在木料的选材上，要取吕祖故里的优质桃木。制作工具主要有刻刀、木锤、木锉、砂纸等。桃木制品分为十二个系列，依次为法印、令牌、桃符、宝剑、神像、神牌、拐杖、木梳、生肖、文房四宝、名人字画、寿牌。手工制成的桃木吉祥物造型美观大方、精巧别致，深受民众喜爱，桃木雕刻的“八宝”或“八吉祥”图形和吉祥物，历来是信奉道教帝王的皇室贡品。

永乐桃木雕刻，迄今已经有七百余年历史了，它将道教的民间信仰与民众祈福降祥的民俗心理寄托于桃木制成的吉祥物中，具有重要的工艺美术及民俗研究价值。近年来，山西省芮城县积极开展永乐桃木雕刻技艺传承和保护工作，并积极在市场中寻求发展，使这项传承百年的雕刻工艺逐步得以传承和发扬。2014 年，永乐桃木雕刻入选第四批国家级非物质文化遗产代表性扩展项目名录。

桃木雕刻吉祥物

襄垣炕围画

炕围画是一种民间的室内装饰画，亦称“墙围画”，在我国北方较流行，作为山西地方文化中一种地域性很强的造型艺术形式，分布在晋东南、吕梁、晋中、忻州、雁北等地，其中尤以襄垣县的炕围画最为著名。

襄垣炕围画是流布于襄垣县及相邻县区的一种实用性民间绘画艺术，在元代即已出现，是集诗、书、画、印于一体的“全套型”组合式炕围画。

襄垣炕围画最初是当地民众为防止炕围墙面脱落而导致

襄垣炕围画

衣服被褥脏损所创造的一种实用性装饰艺术，多模仿壁画的表现手法，画风颇有建筑彩绘的味道，整体上分为中心炕围、靠背、条屏和地围四个大的部分，中心炕围又可分为边道、花边、池子、内心等小的部分。

襄垣炕围画种类繁多，具有色调明快艳丽、主题突出的风格特点。它内容丰富，题材涉及人物、风景、花鸟、瑞兽、书法、图案等多个方面，表现上多采用象征隐喻手法，以福瑞喜庆、如意吉祥的纹样传递驱邪纳福、平安幸福的祈愿。

作为一种独特的民居彩绘艺术，襄垣炕围画具有浓厚的乡土气息，是当地民众现实需要和精神追求的综合性产物，生动反映了来自民间的审美意识和价值观念，具有社会学、民俗学等方面的研究价值。2008 年，襄垣炕围画入选第二批国家级非物质文化遗产名录。

平阳木版年画

木版年画是中国民间在年节之际用以迎新接福的一种普及性的传统艺术样式，传达了广大民众的生活理想，反映出社会生活和民间文化的诸多特性，是中国民间美术的重要组成部分。

平阳木版年画是流传于山西省临汾地区的一种民间美术样式，始于宋金，盛于元代，至明清进入发展的黄金时期。《中国古代印刷史》称平阳木版年画为年画的“始祖”，《中国版画

史》也有“版画之头，平阳启之”的论断。中国最早的张贴画（版画）珍品——宋金时期的《隋朝窈窕呈倾国之芳容》和《义勇武安王位》，是古代平阳木版年画的代表作，曾被郑振铎先生誉为“世界版画精髓”。

平阳木版年画包括中堂画、门画、影壁画、门头画、窗画、条屏画、灶龛画、桌裙等多个门类，其题材大都是以戏曲故事、神话传说、民间风俗、花卉人物、鱼虫鸟兽等传统内容为主，画面主题突出，形象夸张生动，色彩明快艳丽，显现出较强的装饰性，给人以豪放洒脱的印象。

以戏曲题材为主要表现内容的平阳木版画，在中国木版画史上占有极其重要的地位，这与宋元明清时期当地戏曲繁荣有关。木版画将动态的戏表现为静态的戏，将瞬间的美定格为永恒的美。民间木版画还包括驱邪镇宅的护佑神，如镇宅神秦琼、尉迟恭、钟馗等；降祥纳福的天地神灵，如灶神、财神等，蕴含我国特有的民俗文化。农村过年，家家户户有请门神的习惯，寓意镇妖驱邪、招财进宝。

木板年画的传统代表作品中，《义勇武安王位》（又称《关公图》）、《隋朝窈窕呈倾国之芳容》（又称《四美图》）、《东方朔盗桃》（又称《寿图》）、《增福相公》等是我国最早的年画代表作。明清代表作品有《尧舜禹三官大帝》《关圣帝君》《八仙》等。现代代表作品有木版条屏画《植棉模范吴吉昌》《饲养模

瘟司
收瘟 降福

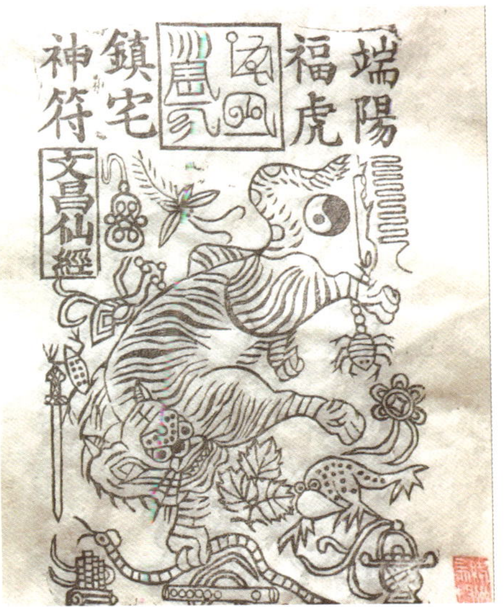
端陽
福虎
鎮宅
神符
文昌仙經

范王传河》《女射击英模徐金金》《女医生模范石兰峰》，木版单幅年画《贺老总评戏》《解放临汾》等。

平阳木版年画表达了劳动人民祈求丰收、吉祥的美好愿望，取材广泛，内容丰富，反映出黄河三角地带平阳民间的生产、生活、宗教、戏剧以及人生礼仪和岁时节令等诸多方面的内容，堪称民俗历史的真实写照，是民间艺人智慧的结晶，是中华民族古老的优秀文化遗产。2008 年，平阳木版年画入选第二批国家级非物质文化遗产名录。

清徐民居砖雕

砖雕是清徐县民间雕刻技术之一。清徐县位于山西省太原市南部，汾河与潇河通过其境内，沉淀下的优质丰厚土壤是烧制砖雕的上好原料。早在夏商之前，清徐先民已经掌握了制陶的技艺。

从清徐境内保留的隋、唐、宋、元各代的诸多寺庙砖瓦中可以看到的雕刻痕迹，显示出山西清徐砖雕技艺在当时已经成熟。明后期至清前期的两百余年中，随着晋商的崛起，清徐境内各村各社民居建造蔚然成风，直至如今，尚有许多清徐砖雕作品完整存世，留下了不同时代的烙印。

清徐民居砖雕所用材料质地好，经久耐用，制作技艺花样繁多，套路复杂，画工精细，刀工别致。明代早期的砖雕承袭秦汉遗风，简单粗犷，用线平刻较多，人物形象少有变化，画

砖雕“耕”、砖雕“读”

面较为简单。后来逐步发展为现在的艺术风格，用线简练挺拔、劲健粗放，显得稚拙而朴素，整个作品以浮雕和浅圆雕为主，借助线刻造型，构图缺乏透视变化，强调对称，富于装饰趣味。在清徐境内，砖雕技艺的传承谱系明确，井然有序。

清徐民居砖雕具有浓厚的民俗文化气息，贴近百姓生活，以朴素而直白的艺术语言表达出民众对生命价值的关注、对家族兴旺的企盼、对富裕生活的向往及对一定社会地位的追求。砖雕风格演进从某种程度上反映了汉文化的发展变迁，为历史学和文化学的研究提供了第一手形象资料。2008 年，清徐县“砖雕（山西民居砖雕）”入选第二批国家级非物质文化遗产扩展项目名录。

晋城市非物质文化遗产广场展演
晋城市非物

民间曲艺

曲艺是中华民族各种“说唱艺术”的统称，是由民间口头文学和歌唱艺术经过长期发展演变形成的一种独特的艺术形式。有人说它是一种综合艺术，有人说它是都市中的市井艺术，都有一定的道理。

山西民间曲艺，源起较早，形式多样，说的、唱的、拉的、弹的，无不各具风采。清末至民国，说唱艺术在山西城乡间就有了一个较快的发展。如流行于上党地区的潞安大鼓、长子鼓书、襄垣鼓书、沁州三弦书、泽州四弦书，流行于晋南的琴书，太原市城区流行的莲花落，以及各类型说快板书的，边弹边唱大鼓词的，唱小曲的以及说评书的，不一而足。历史上这些走街串巷的民间艺人们更多的是为生活所迫卖唱为生，受尽人间坎坷之苦。他们用自己的歌喉说唱，丰富和挽救了濒临绝境的地方曲艺艺术。今天，他们又创造了更多的反映地方风俗民情的艺术，成为山西传统文化中不可多得的艺术瑰宝。

鼓书

潞安大鼓

潞安大鼓是北方富有鲜明地域特色的传统鼓书暨鼓曲形式，又称“潞安老调”，因流行于古潞安府（今长治市）一带

潞安大鼓

而得名，另外还有“干板腔”和“潞安鼓书”等别称。

清乾隆三年（1738年），驰名于上党一带的鼓书艺人路占元、董祥五等联络潞安府八县的百余名艺人成立了“盲子队”，即鼓书艺人的演出活动班社，后来发展成为行会组织“三皇会”。到清代中叶时，潞安大鼓已经发展成为行当齐全、表演内容丰富的曲艺表演形式，深受当地百姓的喜爱。

传统的潞安大鼓表演形式为多人分持鼓板、三弦、二胡、低胡等乐器，按行当围成圈说唱；走上高台后，通常由一人敲击鼓板站立说唱，另有数人分司三弦和二胡等在旁边伴奏。其唱腔音乐为板式变化体，曲调丰富，旋律优美，富于乡土气

息。传统节目有《打登州》《巧奇缘》《拙老婆》《破孟州》《巧连珠》《燕王扫北》等。高福树和于树田等为影响较大的知名艺人。

潞安大鼓扎根于人民群众之中，为群众所喜闻乐见。一方面是它的音乐和语言富有地方特色，唱腔优美，宜于叙事，说唱性强，节奏明快，气氛热烈；另一方面，它的表演形式灵活，农家的各种事情如祭祀、还愿、节日庆典、生日祝寿以及婚丧嫁娶等活动，村民们都要请说书先生说唱助兴。

潞安大鼓是北方鼓书艺术中历史比较悠久的一种，有着十分深广的艺术影响力，是山西省优秀的民间文化，它的传承和发展将对丰富曲艺事业，繁荣地方群众文化起到促进作用。2006 年，潞安大鼓入选第一批国家级非物质文化遗产名录。

长子鼓书

山西省长子县享有“曲艺之乡”的美称，上党地区近三分之一的曲种出自长子境内。长子鼓书是形成于长子县的一种曲艺说书形式，是当地最具特色又影响较大的曲艺表演形式之一。

长子鼓书于宋、元时期开始流行，清代只说不唱。后来，长子鼓书借鉴了当地柳树道情、山东铁板书、河南板儿书及地方干板秧歌等音乐唱腔，始创了木板书，后又逐渐发展为长子

长子鼓书《腊月天儿》

鼓书，唱腔板式也越来越丰富。

长子鼓书的表演形式为说唱相间、以唱为主，且采用长子一带的方言表演，通常以单人敲击书鼓和简板并自拉二胡伴奏的演出居多，后来也出现有双人或多人分持不同伴奏乐器配合说唱的演出形式。伴奏乐器除书鼓、简板和二胡外，还有采用竹板、板胡、低胡的。伴奏方式为间奏式，即演唱时不伴奏。

长子鼓书擅长叙事和刻画人物，尤其擅长表现爱情、公案题材，富于生活情趣，既可叙事，又可抒情，还可说理。长子鼓书的传统曲目以中长篇为主，主要有《金镯玉环记》《包公案》《徐公案》《施公案》《白玉楼》《回龙传》等。抗日战争以来新编演的节目以短篇为主，主要有《风雷》《小二黑结婚》

《江姐》《烈火金钢》等，深受当地百姓喜爱。

长子鼓书具有光荣的艺术传统，特别是抗日战争时期，以长子鼓书艺人为主组成的抗日宣传队在晋东南一带极为活跃。中华人民共和国成立后，以此为基础形成的长子县曲艺队一直活跃在全县城乡，常年为老百姓演出。

随着时代的发展，鼓书的演出内容也有了新的变化。为了适应观众欣赏意趣的变化，唱词和道白趋向于通俗化、口语化和俚语化。今天的长子鼓书队，组织规模一般为 10 人至 12 人，音乐、演唱各一半，人人均可吹拉弹唱，既可演出大型书目，也能演唱短小段子，并可即兴就事表演，适合于做寿、满月、周年、庙会助兴和逢年过节等吉祥娱乐活动，深受广大观众欢迎和喜爱。2011 年，长子鼓书经国务院批准被列入第三批国家级非物质文化遗产名录。

襄垣鼓书

襄垣鼓书简称“鼓书”，俗称“说书”“脚蹬梆”，主要流行于晋东南的襄垣县及其周边县区，远传至阳泉、陵川等地。它上承宋元“鼓子词”的说唱传统，并融汇了当地的“柳调”表演，成形于明末清初，发展成熟于清代中叶，迄今已有三百多年的历史，是现存北方鼓书类曲艺中历史较为悠久的曲种之一。今天，鼓书仍活跃在当地百姓的生活礼仪和民俗活动中，是当地百姓娱乐教化的重要艺术形式。

襄垣鼓书由一人、两人或多人分持鼓、板、锣、钹和二把、二黄、胡呼、月琴、三弦、八角鼓、二胡、笛子、笙等乐器边说唱表演边自行伴奏，其演唱有独唱、轮唱、对唱、领唱、合唱、伴唱等多种形式。根据不同场合的需要还分别配合以坐、站、走等舞台动作，有些技艺超凡的掌班（掌板的鼓师）艺人可以一人手脚并用，同时演奏平板鼓、挂板、脚锣、小锣、镗锣、脚梆、木鱼、镲、钹、惊堂木等全套打击乐器。

襄垣鼓书的唱腔音乐属于板腔体，有快、慢、跺、抢等多种唱法和起板、二性板、紧板、慢板、散板等多种板式，还有一些别具特色的闹场曲牌。在长期的发展流变中，襄垣鼓书吸

非遗襄垣鼓书传承人张俊华

收当地的地方小调、道士化缘调、民间叫卖调及梆子、落子、秧歌等音乐元素，融会贯通，自成一格，深受民众的喜爱。其传统曲目可分为历史、公案、侠义等几大类，内容极其丰富，有《水浒传》《三国》《包公》《奇巧断》《借亲记》等百余种。

襄垣鼓书不仅保存了诸多宋元“鼓子词”的艺术基因，还大量吸纳了明清以来当地民间艺术的精华成分，具有很高的艺术和历史文化研究价值。2008 年，襄垣鼓书入选第二批国家级非物质文化遗产名录。

琴书

翼城琴书

翼城琴书因说唱时主要伴奏乐器为扬琴，而名“琴书”。翼城琴书历史悠久，是流行于山西南部翼城县及周边曲沃、襄汾、浮山、沁水、绛县一带的曲艺说书形式，兴盛于清末时期，距今有至少一百二十年以上的历史。

经过长期发展，翼城琴书吸收了当地的蒲剧、眉户等民间音乐的营养。表演形式为说唱相间，以唱为主，采用翼城方言，演奏乐器主要有三弦、小扬琴、四胡、板胡、笛子、八角鼓和小钹等，演唱形式是乐队坐场，主唱者一人或两人手持八

翼城琴书

角鼓或小钹，居中演唱，婉转缠绵，悦耳动听。

翼城琴书唱腔属板牌混合体，包括“钹儿腔”和“鼓儿腔”两种唱腔曲调，“钹儿腔”因主演者在演出时手执单叶钹而得名，属板腔体，板式有慢板、二八板、花二八、紧二八、飞板等，“鼓儿腔”因主演者演出时手执八角鼓敲击伴奏而得名，属单曲体。

翼城琴书的传统曲目甚多，有大本书五十余本，小本书七十余本，回本书二百余本，书帽三百余个，既有表现广阔社会生活的长篇书目，也有表现家长里短、乡土气息浓郁的说唱段子。其中，有影响的传统长篇曲目有《状元谱》《梁山伯与

祝英台》《金镯玉环记》《八宝传》《巧姻合》等三十多部；中、短篇书目有《二姐观灯》《十个小和尚》《货郎串乡》等一百多部，表演内容丰富多彩。

在漫长的历史岁月中，一代又一代琴书艺人走乡串村，或在打谷场上，或在农家小院，给乡村民众带来乡味可口的精神食粮，以诸多劝人惩恶向善的琴书曲目，传播优秀的中华传统文化，陶冶人们的心灵。2011 年 5 月，翼城琴书入选第三批国家级非物质文化遗产名录。

曲沃琴书

曲沃琴书是流行于山西省曲沃县及晋、陕、豫三省交界地带的一种传统曲艺形式，因表演时主要伴奏乐器是扬琴，故名“琴书”。此外，伴奏乐器还有八角鼓、单扇钹，所以也称为“鼓儿书”“铰子书”。曲沃琴书是清道光年间由河南南阳传入当地的“越调”（也作“月调”）与当地的方言小调相结合发展演变而成，至今已有一百三十余年的历史。

曲沃琴书采用曲沃方音，表演形式为说唱相间，以唱为主，有“铰子腔”和“鼓子腔”两种唱腔曲调，“铰子腔”是主演者手持单钹儿伴奏时演唱的曲调，是唱腔的主体，“鼓子腔”是表演者手持八角鼓伴奏时演出的唱腔，是插入“铰子腔”中演出的唱腔，属单曲体结构，两种唱腔调高不同，故在交替

曲沃琴书

曲沃琴书伴奏乐器

演唱时需要不断转调。伴奏乐器除了八角鼓、小铰和木鱼，还可加入四胡、扬琴、板胡、三弦、笛子、二胡等。

曲沃琴书以中长篇为主，擅长叙事和刻画人物，尤擅长表现征战、伦理与公案题材，富于生活情趣，深受百姓欢迎。有取材于古典小说，如《杨家将》《水浒》《西游记》等，有来自文人墨客创编的中篇书，如《御媒合同记》《吕蒙正赶考》《巧合奇冤》《金镯玉环记》《巧姻合》《金钟记》《青龙寺》等，也有取材于民间传说和神话故事的小段书，如《灶君爷诉冤》《麒麟送子》《八仙庆寿》《子母河》《双拜堂》《赶花轿》等，还有一些诙谐幽默的小书帽，如《颠倒虫》《十个和尚》《二指高》等。

曲沃琴书集中体现着当地百姓的人生态度、审美趣味和生活理想，富有珍贵的历史意义与文化价值，是本土民间艺术的精品。今天的曲沃琴书传承后继乏人，保护工作迫在眉睫。2011年5月，曲沃琴书入选为第三批国家级非物质文化遗产名录。

弦书

泽州四弦书

泽州四弦书，在清代光绪年间即已形成，距今已有一百五十年以上的历史，是根植于泽州土地上的“地方特产”，主要流行于泽州县全境及沁水县东南部、阳城县东部和陵川县西部一带，因以“四弦”为该曲种的主要伴奏乐器，故此得名“四弦书”。

早期的泽州四弦书只有一人用四弦和腿板自行伴奏表演，采用泽州方言，表演形式为说唱相间，以唱为主。后来随着社会的进步，才出现了多人伴奏，一人主要说唱。其唱腔曲调属板腔体，主要板式有平板、紧板、介板、三倒板和官韵等。

伴奏乐器有四弦、三弦、胡胡、二把以及腿板和（大、中、小）钹，而不用大鼓、钢板。音乐基本上是只有文场，不用武场。伴奏方式为间奏式，即演唱时不伴奏，唱词基本为

四弦书乐器：胡胡

泽州四弦书表演《劝世人篇》

七字句，格式为上下句体，下句押韵。

泽州四弦书的节目以“贯”为单位，“一贯”即节目故事的一个段落，演出大约为一个小时。一个长篇节目由若干“贯”组成，称为“大贯”。代表性的传统节目有《回文屏》(32 贯)、《三洪传》(24 贯)、《红罗山》(9 贯)、《烈女传》(13 贯)等。中篇节目有《百鸟朝凤》《杨八姐游春》《二老比子》等。短篇节目有《小寡妇上坟》《小两口吃粽》《光棍哭妻》等。

泽州四弦书主要在乡民酬神、还愿、庆贺时演出，通常

"说神书"要演《游天台》《大八仙》《富贵长春》《斧劈华山》等节目，过生日、做满月要演《度林英》《三姐落凡》《天仙送子》等，祝寿要演《徐公子拜寿》《龙三姐拜寿》等，婚庆多演《西厢记》《梁祝下山》等。在上百年的传承发展过程中，泽州四弦书形成了自己独特的演唱风格，深受当地人民群众的喜爱。2011 年 5 月，泽州四弦书入选为第三批国家级非物质文化遗产名录。

沁州三弦书

沁州三弦书，又称"三弦铰子书"，是流传于晋东南沁县、武乡、沁源、襄垣和晋中左权、榆社等地的传统曲艺表演形式，形成于明末清初，至今已有三百多年的历史。

三弦书最初由演员腿缚节子、怀抱三弦弹唱，称为"腿板书"，后发展为一人手执铰子、八角鼓打拍演唱，另一人脚蹬梆子、手拨三弦伴奏，有时还加入笙、胡、筝等伴奏乐器，发展到后期，三弦书演出时一般采用站唱方式，演唱中加入各种表演，演员连唱带舞，伴奏者帮腔助势，一唱一和，情趣盎然。

沁州三弦书的唱腔属于板腔体，由"月调"和"平调"两部分组成，"月调"包括平板、垛板、颤板（又作战板）、哭板等板式和唱法，"平调"由六个腔句构成，曲调优美动听，主

沁州三弦书《花馍情》

要用来说唱一些小段。沁州三弦书表演前通常先要演奏一段器乐曲牌，接着吟诵四句“提纲”，然后“起板”或曰“叫板”，最后才转入“正书”说唱。

沁州三弦书传统书目丰富，分为长篇、中篇、短篇小段，以长篇为主，一部作品大概三十回至六十回左右，可连续演出一两个月。长篇如《清烈传》（45 回）、《吴阁老私访武昌府》（45 回）、《金镯记》（51 回）、《五色云》（50 回）等，中篇《高文举夜宿花亭》（3 回），小篇《反菜园》等。近年来，沁州三弦书推陈出新，改编完成了《吕梁英雄传》《红灯记》《智取威虎山》等新剧目，并有更多的爱好者加入说唱表演的行列，使这一艺术形式呈现出新的气象。

在当地的民间祭祀和民俗礼仪中，沁州三弦书艺人表演求雨、求安的神书和祈求五谷丰登、牲畜兴旺的牛王书、马王书和羊王书等，其中寄托和表现的不只是简单的娱乐消遣与审美需求，更是一种崇尚神圣的社会理想和生命意识的特殊表达。2008 年 5 月，沁州三弦书入选第二批国家级非物质文化遗产名录。

其他民间曲艺

太原莲花落

“谁作揖来谁唱诺，谁打竹板谁敲钵。谁歌一曲莲花落，乡音乡情与谁说。”诗里的“莲花落”即是太原莲花落，别称“晋中落子”。太原莲花落是流传于山西太原市一带说唱兼有的古老曲艺品种，最早出现于南宋时期，当时叫“落花”，属于佛教劝善和募捐的一种演唱形式。

莲花落约在清代中叶传入山西，发展至今，通行的表演形式为一人自说自唱，自击竹板（两大五小，俗称“七件子”）伴奏韵诵，唱诵为主，间有夹白，大竹板打板，小竹板打眼，

相互配合有板有眼。也有双人对口和多人演出的方式，边唱边说，抑扬顿挫，尾音稍长。唱词基本以七言四句为一段，讲求合辙押韵，说唱之词随着板眼节奏进行表演。唱腔为段落体，每段开头和结尾用唱腔，中间用韵白或道白叙述故事情节，尤以模拟人物言行见长，活灵活现，使人如临其境，尾句唱腔用抖“包袱”形式结束，画龙点睛，妙趣横生。

太原莲花落委婉动人，通俗易懂，生动风趣，具有寓教于乐、淳化民风之功能，传统曲目多为脍炙人口的历史故事和当地人熟悉的民间传说，长篇的有《五女兴唐传》《万花楼》《呼延庆打擂》等，短篇的有《夫妻格水》《小寡妇上新坟》《小两口打架》等。山西较早的莲花落艺人是 20 世纪上半叶的李连

太原莲花落

根，擅演节目为《大八义》《小八义》等。抗日战争时期，交城县米家庄的莲花落盲艺人任五儿编演了大量新节目，如《收复孝义、文水》等。1949 年后，交城县的吕著在县文化馆的指导下，改编演出了长篇新节目《吕梁英雄传》，影响很大。2011 年 5 月，太原莲花落入选为第三批国家级非物质文化遗产名录。

离石弹唱

在民间，有“东秧歌，西道情，小曲出在离石城”的歌谣，小曲即指离石弹唱。离石弹唱，历史悠久，起源可上溯至宋代，形成于清代中叶，是将宋调、杂剧、民歌、戏曲、二人台、秧歌等融为一体的民间表演艺术，至今已有一千多年的历史。离石弹唱最初主要流行于离石、中阳、方山和柳林一带，后不断传播，现已辐射到了晋陕黄河流域，深受老百姓的喜爱。

离石弹唱用的乐器有三弦、扬琴、四音子（四胡）、笛子、管子、笙、四页瓦等，因伴奏以弹拨乐器为主，故也称“小曲弹唱”。离石弹唱的曲调和曲目很丰富，现有“四大景”“八小景”“七十二个闹五更”“九湾十八调”等多种形式。

弹唱的表演形式是乐队以一字或八字形排列，前面有一男一女（通常以男扮女）手持彩扇边舞边唱，唱手最少两人，最

离石弹唱

多十几人不等，演出场地不限，街头、院落、广场、庙会或舞台上都可表演。

在清代修撰的《永宁州志》中，关于《审录·唤妹子》和《放牛·贴对子》的记载，就是过去弹唱较流行的曲目，《审录》是演唱关于王金龙与苏三的爱情故事。弹唱的传统曲目还有《关公挑袍》《金钱莲花落》《赶舟》《借顺顺》等。

离石弹唱表演的唱词一般都是即兴创编，四句一节，句句讲求押韵，自然朴实，简洁明快，反映现实生活。唱词弹唱的表演融宋代说唱的诙谐、戏剧唱腔的高亢、二人台和民歌表演的活泼明快于一体，声情并茂，再加上道具的衬托和晋胡、管子等特殊乐器的音乐表现，活灵活现地反映了劳动人民对“乐”的调节、对“生”的希望和对“情”的自觉，是当地民间文化的“历史活化石”。2014 年 5 月，离石弹唱入选为第四批国家级非物质文化遗产代表性项目名录。

民间舞蹈

山西民间舞蹈，属于大众自娱性艺术，种类繁多，包括鼓舞、秧歌舞、狮子舞、龙舞、高跷、抬阁等，戏剧性较强且戏、歌、舞杂糅，是山西民间艺术的主要组成部分之一。这些一系列以山西民间舞元素为动作素材的优秀剧目，将黄河流域浓厚的文化特征、山西人民独特的精神气质和民风民俗展现得淋漓尽致。

山西民间舞蹈以鼓舞和秧歌为主，《易・系辞》中有“鼓之舞之以尽神”之语，既形象地反映出鼓舞历史的悠久，又提纲挈领地道出了其主要功能，“鼓”是山西民间舞蹈的一个显著特征。山西鼓舞多以鼓谱丰富、情绪热烈、底蕴深厚见长，流布于全省各地，影响至全国乃至全世界。历史悠久、别具一格的沁源老花鼓，形式花哨、技巧多变的万荣花鼓，节奏明快、情绪热烈的翼城花鼓，以“高、奇、险、绝”而享有盛誉的稷山高台花鼓，以象征手法表现战争生活的平定武迓鼓，这些都是山西鼓舞文化中的突出代表，始终一脉相承，绵延不绝。

山西秧歌舞，有别于我们前面提到的秧歌小戏，是集民间音乐、舞蹈、民歌、戏曲、杂技和武术等为一体的载歌载舞的综合性民间艺术。场面宏大、灵活多变的临县伞头秧歌，粗犷而不乏细腻、火爆而不失优美的原平凤秧歌，文武兼备、具有浓郁黄河流域农耕文明特色的汾阳地秧歌，都是秧歌舞蹈中的佼佼者。此外，还有古老而稀有的寿阳“爱社”、侯马的麒麟采八宝以及奇特的稷山高跷走兽。这些秧歌舞展现了山西古代的祭祀崇拜信仰和当地百姓祈福辟邪、期盼美好生活的愿望，体现了三晋儿女勤劳勇敢、顽强奋斗的民族精神。

民间舞蹈从远古时代的巫舞发展到以娱乐性为主的舞蹈活动，广泛地出现在各种民俗活动中，实用功能逐渐减弱，表达情感和满足审美需要的要求越来越强烈，成为今天民间舞蹈的主要社会功能。

鼓舞

土沃老花鼓

土沃老花鼓流行于山西省沁水县土沃乡一带，是一种集打、唱、跳三个部分为一体的独具特色的民间舞蹈表演形式，迄今已有二百多年的历史。“花”指的是角色多样，舞姿花哨，“鼓”指表演者不仅敲击腰鼓，还有别具一格的口噙鼓。

土沃老花鼓在人物角色方面，吸收了宋、元以来晋南一带戏曲角色的扮相，服装以传统戏曲服装为主，主要有串铃、丝麻胡嘴、蝴蝶帽圈、对襟袄等二十余种，道具主要有羽毛扇子、拂尘。演员基本模仿戏曲的生、旦、净、末、丑各行当，

土沃老花鼓

全是自己设计和化妆，表演队伍有20人到50人不等，主要角色有老丑、小丑、花姑、老汉、老婆、腰鼓手、报马童、担鼓等。其中，最重要的角色是“丑”，舞起来别具一格：舞蹈时口咬固定在小鼓上的口噙环，双手持软鼓槌上击下打，走起“丹鹤弹步”，双脚似鹤状前行；演唱时将鼓握在手上，唱完再把鼓叼在口上。

老花鼓的主要表演步法是“曲曲步”，即要求全脚擦地行进，身体左右拧转，如风摆杨柳，轻柔优美。表演的队形分为双龙出水、三盏灯、十二连沟、双龙摆尾、双插花、九道湾、荷花转、单闷葫芦、枣化形、双分头等。

花鼓的乐谱有两种，一种是舞蹈谱（走场锣鼓），分为走场谱和登场谱；一种是曲调谱（花鼓调），分为老调和新调两种曲目，歌词随时代发展自编自演，代代相传，就演变成了今天我们所看到的土沃老花鼓这一舞蹈艺术形式。

每逢农历春节、二月十九（祭观音）、七月十五（鬼节），当地都要进行老花鼓的表演和技艺展示，在展示当地人精神风貌的同时，也反映了人们对新时代、新生活的赞誉和美好期许。2011 年，土沃老花鼓入选第三批国家级非物质文化遗产扩展项目名录。

万荣花鼓

万荣花鼓兴起于宋代，流传于山西南部黄河岸边万荣县以及河津、稷山、翼城等周边地区，是一种集舞蹈、戏剧和演唱为一体的综合性民间舞蹈，由于涉及地区较广，也被称为“晋南花鼓”。

万荣花鼓有三种表演形式：第一种是低鼓，就是腰系鼓；第二种是高鼓，即固定在胸前或颌下的鼓；第三种是多鼓表演，于舞者头部、胸部、肩部及两腿中间都系上鼓，最多一个人可以系十多个鼓。

鼓舞的表演者用一个主鼓配合身体其他部位绑的鼓，用

万荣花鼓表演

万荣花鼓表演道具

不同的手法击响不同部位的鼓，还可结合武术动作如“秦琼背剑”“朝天蹬”“珍珠倒卷帘”等；和杂技结合，有杠上打鼓、桌上打鼓、凳上打鼓；还有戏曲动作、舞蹈动作……总之，敲鼓的时候，从头发到脚尖，无处不在动，表情还得变化。为了使观众能更好地看到表演，花鼓不仅讲究打鼓技巧，也注重跑场子图形变化，演出图形有十字花、倒推磨、枣花、缠住脚、穿八字、蛇蜕皮、龙摆尾、连环套等。

万荣花鼓既能在舞台上表演，又能在广场上表演，既能单人表演，又能群体表演。每逢重要节日，人们就围绕着神庙、社庙、家庙、迎神祭祀而进行。在每年的后土祭祀活动中，经常就有花鼓表演节目，“花鼓朝拜娘娘庙，娲母娘娘满脸笑，诚心叩首一炷香，保你儿孙跑满堂”。这些集会形成了各村竞赛的趋势，增加了花鼓艺人之间相互交流学习的机会。各村为争荣誉，不断丰富花鼓的表演内容，创新花鼓的艺术表演形式。历史悠久的万荣花鼓具有浓郁的地方特色和重要的文化价值，影响极为深远。2011 年，万荣花鼓入选第三批国家级非物质文化遗产扩展项目名录。

翼城花鼓

“打起花鼓庆丰收，打起花鼓把年过，打起花鼓娶媳妇，打起花鼓闹满月，天黑打到公鸡叫，天亮打到日头落，一时不

听花鼓声，凉水盆里着了火。”这首歌谣唱的就是翼城花鼓。翼城花鼓源远流长，又叫“打花鼓”“闹花鼓”，是当地历史悠久、广为流传的一种民间舞蹈。据说，翼城上至七八十岁的老人，下至七八岁的孩童，人人都有打花鼓的拿手技巧，翼城也因此被誉为“花鼓之乡”。

翼城花鼓有高鼓、中鼓、低鼓之别，将鼓右高左低系于紧贴下巴处的称高鼓，将鼓稍斜挎于胸前的称中鼓，位置在腰部的称低鼓。表演者可以挂三面至九面鼓，三鼓是一个头鼓、一个肩鼓、一个胸鼓；五鼓是一个头鼓、一个肩鼓、一个胸鼓、

翼城花鼓

两个腰鼓；七鼓是一个头鼓、一个胸鼓、一个肩鼓、两个腰鼓和两个腿鼓，名为“满天星斗”；九鼓是再加上两个小脚鼓。因为鼓手身上系的鼓多，不便于大幅度的移动位置，所以多在原地表演。

翼城花鼓的表演形式以广场表演为主，主要有以下几种：第一种是鼓手配有女苗子（旦角）和小丑的表演，第二种是只有一群男鼓手上场表演，第三种是踩高跷和杠上表演。花鼓的表演动作粗犷、节奏欢快、情绪热烈、风格淳朴，所谓“绕城西北东南走，到处皆闻花鼓声”即是这种表演的真实写照。翼城花鼓是盛大的民间娱乐活动，寄托着祝福和祈求丰收、幸福的意愿，饱含着农耕民族的精神力量。2006 年，翼城花鼓入选第一批国家级非物质文化遗产名录。

稷山高台花鼓

高台花鼓流传于稷山地区，以吴壁、桐上、东蒲、西位、寺庄等地较为有名。稷山高台花鼓是一种古老的汉族民间舞蹈，相传是为祭祀农耕文明始祖后稷，由农民创造的一种民间艺术形式。千百年来，人们沿用这一古老的方式祈求五谷丰登，由传统花鼓发展演变而来的高台花鼓更赋予了这一传统民间艺术新的生机。

稷山高台花鼓的表演集头鼓、肩鼓、胸鼓、腿鼓于一身，

安福艺校的小队员们正在排练高台花鼓

表演时鼓手通过单打、对打、混合打等表演技巧与花锣、钹、镲以及板凳敲击相互配合。鼓手在由板凳搭建的高台上完成花鼓表演，一层两条板凳，一般是三层五凳，五层九凳，可搭十三层，约九米高。最高水平的表演人数多达二百余人。

稷山高台花鼓动作粗犷、节奏欢快、情绪热烈、风格淳朴，以“高、奇、险、绝”而享有盛誉。在层层搭建的高台上，鼓手仅用腿、脚勾住板凳展示“孔雀开屏”“凤凰展翼”“倒挂金钟”等多种高难度击打技巧，极具观赏性。花鼓中穿插的花鼓曲也极具地方特色，均来自民间流传的小调，还略带陕北民歌与眉户戏的味道，旋律抒情优美、意味悠长。稷山花鼓除了在祭祀仪式与闹社火时表演外，还在踩院、闹后场、贺满月、送新兵等场合表演，用以祈福祝贺。

稷山高台花鼓挖掘了击鼓的潜能，以精彩的舞打来完成惊险的高台组合，把体育活动寓于文化娱乐中，借助当地丰富多彩的节令民俗活动，成为当地群众喜闻乐见的娱乐观赏性项目。2008 年，稷山高台花鼓作为奥运会开幕式的文艺节目亮相鸟巢。在 2009 年中央电视台春节联欢晚会上，由“鼓娃嬉春”“鼓闹丰收”“踏鼓登高”三部分组成的稷山高台花鼓表演，以强烈的视觉冲击力和听觉震撼力展示了中华文化的博大精深和后稷儿女敢为人先的豪迈精神。2011 年，稷山高台花鼓入选第三批国家级非物质文化遗产扩展项目名录。

平定武迓鼓

迓鼓，又名“衙鼓”“砑鼓”，流传于平定县，是山西省极具代表性的民间舞蹈之一，产生于北宋神宗熙宁年间，至清代形成了文、武、丑三种迓鼓。由文献记载看，迓鼓沿革脉络清晰，在勾栏瓦舍中以杂剧方式演出，转入市井乡间则变为“元宵迓鼓”“村里迓鼓”“河转迓鼓”，最初与民间庙会、迎神仪仗队和民间祭祀活动密切相关，后来便逐渐演变成一种群众自娱性的文艺形式了。

元宵节平定武迓鼓巡演

平定武迓鼓保存了一整套古典锣鼓曲牌、演阵图案和耍回套路，以象征手法表现战争生活，代表性剧目有《朱仝上梁山》《赵匡胤下河东》《李自成进京》等，剧目不同，服饰略有变化，而锣鼓乐不变、舞蹈形态不变。

舞蹈表演中运用扁鼓、音锣、小镲、铙、云锣等6种共21件打击乐器，21位演员人手一件，边演奏成套的古典锣鼓曲牌边进行舞蹈（耍回）表演，按套路排列出多种阵法并不断加以演变。在此过程中，演员身着古代武社火服饰，背插单靠旗，胸挽八宝绳花，女角正额及两颊各画一朵梅花图案，头饰及脸谱与戏曲人物略同。表演时，“帅”位中央的演员操鼓击节指挥，舞蹈风格英武洒脱、气魄雄浑。

平定武迓鼓具有较高的历史文化价值，是研究古代军中鼓乐、阵法，宋杂剧表演形式和民间祀神风俗的活标本。2008年，平定武迓鼓入选为第二批国家级非物质文化遗产名录。

秧歌

秧歌，又称“扭秧歌”，是我国汉民族具有代表性的民间舞蹈形式，起源于插秧耕田的劳动生活，同时又和古代祭祀农神祈求丰收、祈福禳灾时所唱的颂歌、禳歌有关。在长期发展过程中，秧歌不断吸收民歌、民间武术、杂技、戏曲等民间艺

术的形式技巧，逐渐由一般的演唱发展成为集体性的歌舞表演。秧歌动作丰富，形式多样，生动活泼，奔放热烈，为普通百姓所喜闻乐见，清代以后在全国各地流传广泛，成为一种深入人心的民间舞蹈样式。

秧歌流行于山西省各地，是山西民间的群众性歌舞活动，被称作“扭歌”“闹秧歌”。因自然地理、交通物产、语言交际、风俗习惯的不同，山西秧歌的表演具有鲜明的地方特色，形成了临县伞头秧歌、原平凤秧歌、汾阳地秧歌、左权小花戏等不同风格的民间舞蹈。

临县伞头秧歌

临县伞头秧歌，俗称“闹会子”“闹秧歌”，因以手执花伞者领头舞蹈和演唱秧歌而得名，流行于山西省吕梁地区的临县、离石、柳林、方山、石楼等县和陕西省榆林地区的吴堡、佳县、米脂、绥德等县，其中尤以临县最盛。临县伞头秧歌起源于我国古代祭祀活动中的迎神赛会和民间傩舞，在漫长的发展过程中，吸收当地民间音乐、舞蹈、民歌、戏曲、杂技、武术等艺术，融合成一种有歌有舞的综合性民间歌舞艺术。

临县伞头秧歌一般在街头和广场表演，秧歌队人数不定，多则二三百人，少则七八十人，演出时前面有门旗、彩旗和鼓乐队开路，中间有架鼓子和各种小会子表演，最后有龙舞、狮

临县伞头秧歌

子舞收尾。之所以称为伞头秧歌，在于秧歌队中有一举足轻重的角色——伞头，伞头是一支秧歌队的统领，他身穿长袍，头戴金盔，右手执花伞，左手摇响环（俗称"虎符"），主要职责是指挥全局，选派节目，带领秧歌队排街、串院、掏场子，并代表秧歌队即兴编唱秧歌。所有参演者在伞头带领下踩着锣鼓唢呐的节奏尽情舞蹈，远望犹如一条欢腾的彩色巨龙。

临县伞头秧歌现有三十多种舞蹈场图，十多首舞蹈曲牌和四十多种演唱曲调。舞蹈以架鼓子最具特色，架鼓子是由打鼓的（男角）、拉花的（女角）、扇风的（丑角）组成，表演时男角打鼓，动作粗犷，女角耍扇，表演细腻，丑角插科打诨，诙

谐幽默，一次次将表演推向欢快的高潮。秧歌表演的时间一般是农历的正月初二至正月十五，即兴编词的演唱特点、灵活多变的格律结构、通俗明快的语言艺术、和谐独特的地方音韵，体现了伞头秧歌浓厚的地方特色。

在漫长的发展演变过程中，伞头秧歌吸收各种民间艺术养料，逐步形成了自己独特的艺术风格，在社火秧歌中独树一帜，成为黄河文化和黄土文化的典型代表。2008 年，临县伞头秧歌入选第二批国家级非物质文化遗产扩展项目名录。

原平凤秧歌

凤秧歌是流传于山西省原平市北贾村的一种民间舞蹈，以独特的表演道具、舞蹈形式和演唱风格在全国民间舞蹈中独树一帜。凤秧歌最早的历史记载见于清代光绪六年（1880 年），从最早可考的民间艺人李正环开始，传承至今已历六代。

凤秧歌的传统表演形式分为过街、踩圈、开轱辘三部分，过街，主要在街头行进和广场打场子时表演，由水镲指挥，有 11 人至 15 人表演。踩圈，是过街以后的定场表演，过街时所用的腰鼓、小锣均不再用，其表现手法是叙事兼代言，男女围圈演唱，偶尔伴以简单的手势。开轱辘，演唱具有角色和故事情节的民间小戏，此外也有从戏曲中截取的片断，以上三部分既有一定的联系，又可独立存在。

原平凤秧歌

凤秧歌共有四十余个节目，内容绝大多数是反映农村生产和生活的，如《五峰山赶会》《观灯》《看地》等。在纯舞蹈表演中，男角头戴覆有竹圈的小帽，身背特制小鼓，表演时既要把帽子上富有弹性的竹圈甩出去绕着身体，又要把腰间的花鼓敲响，动作舒缓、刚柔相济、风趣幽默、引人入胜，其中竹圈甩帽表演独特，最见功力。女角手打特制小锣，在击锣的过程中，头部、两臂前后交替摇滚，尤似鲤鱼摆尾，以精巧雅致的古典美和玲珑剔透的艺术气质给人以美的享受。

与山西其他地方小戏和民歌相比，凤秧歌的演唱风格更为自由，其中运用了大量的虚词，整个曲调显现出高亢昂扬、舒缓悠长的特点。凤秧歌常与“上院”“踩街”“撵瘟神”等民俗活动连在一起演出，几乎成为民俗活动的一部分，因此在原

平乃至晋北民俗和地方历史文化的研究中，具有不可低估的价值。2008 年，原平凤秧歌入选第二批国家级非物质文化遗产扩展项目名录。

汾阳地秧歌

汾阳地秧歌，又称为“汾孝地秧歌”或“汾孝秧歌”，是流传在山西省汾阳市、孝义市一带的一种独特的民间舞蹈艺术，起源于唐朝宫廷艺术，后随汾阳王郭子仪后裔传往其属地汾阳，逐渐发展而来。

汾阳地秧歌包括以舞蹈为主的“武场地秧歌”和以演唱为主的“文场地秧歌”，地秧歌表演中有许多翻身、踢腿、旋子、下叉的武术动作，尤其是参加武场地秧歌的表演者大多都会几招拳脚功夫。

汾阳武场地秧歌演员造型奇特，舞蹈形式系由武术动作和势法演变而来，表演套路丰富，变化多端，主要套路有“开场大阵”“二龙出水”“蛇蜕皮”“蒜辫子”“单勾心”“十字花”“三十六连勾”“两条龙双引”等。花棒手有“叫棒”“弓马势”“虎势”“恶虎扑羊”等基本势法，小锣手有“天女散花”“踏步提锣”和“挑辫链”等，腰鼓手有“凤凰单展翅”“朝天一炷香”等。器乐表演动作妖娆多姿、妙趣横生、舒展大方，具有浓厚的生活气息和乡土风味。

汾阳地秧歌

汾阳地秧歌以自娱为目的，表演和传承学习的时间大多数是在冬季农闲季节，成为当地社火、集会、迎送、庆祝等活动中不可缺少的民间表演艺术形式，主要形式有：告庙祭神、排街、掏场子、过街板，告庙祭神的主要内容是祈祷神灵保佑，在寺庙院中进行首场演出。排街主要是秧歌手走街串户给村中德高望众之户、缙绅之家、对村里有贡献的人家拜年贺喜等。表演时不管走到谁家门口，都要停下来唱二几段秧歌，各家各户为讨吉利，都要准备烟茶糖酒酬谢唱秧歌者。掏场子指秧歌队在平整场地表演各种套路。

汾阳地秧歌对于研究黄河流域农耕文化、探究当地人民娱

神崇祀等民俗活动有着重要的价值。2008年，汾阳地秧歌入选第二批国家级非物质文化遗产扩展项目名录。

左权小花戏

左权小花戏是流传在晋东南左权、和顺一带的一种轻盈、活泼的民间歌舞，因产生于左权县，抗日战争期间被正式定名为“左权小花戏”，成为教育人民、鼓舞士气、打击敌人的有力武器。

左权小花戏的前身，是当地正月十五元宵节时“闹红火”中最受群众欢迎的“文社火”，是一种民间敬神祈福的庆典方式，参加演出的村民手持扇子，边舞边唱小秧歌，所唱曲调都是当地流行的小曲、山歌、小调。

在发展过程中，小花戏的表现形式基本分为两大类型，一类是歌舞，其特点是载歌载舞，歌舞并重，或偏重于舞，另一类是歌舞剧，有完整的故事情节和人物个性，有一定的戏剧矛盾冲突，特点是歌、舞、戏三者紧密结合。将舞步与舞扇有机地结合起来，是左权小花戏区别于其他歌舞戏的核心艺术。小花戏的舞姿造型和扇花多达50多种，“三步颠”与“蝴蝶扇”是其中最具代表性和独具特色的歌舞表演形式。

“左权一大怪，冬天扇子卖得快”，扇子是小花戏表演的万能道具，场上演员无论男女老少，生旦净末，人手一把扇子，

左权小花戏《开花调》

后期发展为每人两把扇子。扇子既起装饰作用，又具有较强的功能性和表意性，可以补充动作所表现的形象的不足，成为动作的一种延续，一种强调，一种美化。扇子在剧中还组合成许多的扇法，并通过一系列的扇法来表情达意，完成演员形象的完整塑造。

左权小花戏保留下来的传统剧目大约有50余种，多是靠口传心授代代传承的，主要代表作品有小花戏舞蹈《开花调》《摘花椒》《打秋千》《桃花红杏花白》《老井人》《亲圪蛋下河洗衣裳》《筑路哥哥》等。山西本地的地域文化、人文精神和

传统艺术气质，赋予了小花戏舞蹈富有特色的艺术形态与文化，成为了山西原生态民间艺术的突出代表。2014 年，左权小花戏入选第四批国家级非物质文化遗产代表性项目名录。

其他民间舞蹈

寿阳“爱社”傩舞

傩舞是极其古老、具有祭祀礼仪性质的原始舞蹈。据传，周代时曾有“大傩”“乡人傩”的称谓，汉代以后逐渐成为国家正统礼法制度的重要组成部分。傩舞以驱瘟逐疫、祈求平安为主要目的，具有很强的群众参与性。爱社傩舞现仅流传于太行山西麓的山西省晋中市寿阳县境内。寿阳古有上艾、中艾、下艾（今盂县）之称，“社”指土地神，爱社傩舞因此得名。

爱社傩舞借助巫傩形式演绎“轩辕大战蚩尤”的传说，展现了远古人类狩猎时代的傩崇拜意识和炎黄儿女勤劳勇敢、顽强奋斗的民族精神。爱社傩舞主要在轩辕黄帝生日庆典、祭祀和祈雨等场合表演，前后约需 50 分钟。舞队由 24 人组成，其中 6 名大鬼戴鬼脸面具表演，18 名小鬼在两边站成城郭形助阵。整个表演由“武势”（基本动作，表现战前准备）、“倒上墙”（摆阵对垒）、“直墙”（队形变蛇蜕皮）、“小场”（攻城失

爱社表演

败，重新布阵）、“过关”（脱靴偷袭，越城夺旗）、“耍桌”（攻城胜利，百姓沿街犒赏）等环节组成，显示出质朴自然的特征。随着历史的发展，爱社傩舞的表演以原始形式在寿阳留存了下来，并且保留了远古鬼图腾的形式和内容。

爱社傩舞的鬼脸面具制作工艺也别具一格，较为复杂，面具制作以龙头为模具，头角耳环也以龙的造型为主，“鬼”的形象实际上是“龙”的精神，鬼是形式，龙是内容，所以，“爱社”的鬼图腾实质上是龙图腾的另类表现。6个傩舞面具全为鬼脸，红、绿、蓝、紫、黑、白依序排列，用纸浆制作，配以头角、耳环、红缨等。武士身着青色战袍，上衣下裤，黑靴，

胸扎十字红丝绦，手舞绣鱼符、白毛巾。

寿阳爱社傩舞发源于远古时期黄河流域中部，反映了远古人类由狩猎文明向农耕文明演变的历史进程。对这一古老艺术进行挖掘整理，有利于促进山西乃至整个中原地区传统文化的弘扬和传承。2008 年，寿阳爱社傩舞入选第二批国家级非物质文化遗产名录。

稷山高跷走兽

高跷，也叫“高跷秧歌”，是一种广泛流传于全国各地的民间舞蹈，因舞蹈时多双脚踩踏木跷而得名。“高跷走兽”是山西省稷山县清河镇阳城村庙会活动中独有的一种民间舞蹈，盛行于清朝雍正初年，出现在规模盛大的庙会活动中，经久不衰，意为驱邪避妖，战胜灾难，至今已有三百多年的历史。

高跷走兽由兽头、兽身和表演人员组成，表演时二人足踩高跷同演骑兽状，演员负重荷，按曲牌节拍行走，辅助配乐由锣鼓、花鼓等打击乐器组成。人及兽的造型奇特，在鼓乐声中列阵行进时，气势宏伟，十分壮观。现有的走兽形象基本都由古时流传下来，虽经多次修补，原貌仍存，其兽头和兽身由技术很高的艺人做出模型，用麻丝、麻纸、细绳、细竹、铁丝、布料等缝制和绑缚而成，并涂以五颜六色，外形威武而精美。稷山县清河镇阳城村分为南、北阳城，北阳城的走兽包括独角

稷山高跷走兽

兽、貅狼、麒麟、竹马、猫等，南阳城的走兽包括黑狸虎、梅花鹿、貘等。

稷山高跷走兽艺术是当地人民祖祖辈辈经过辛勤的劳作，运用丰富的想象力，留给后人的极其珍贵的传统文化遗产，是当地群众喜闻乐见的民间文艺活动形式。这一民间舞蹈活动丰富了人民群众的精神文化生活，增强了人与人之间的团结和谐，同时还体现了当地老百姓祈盼风调雨顺、农业丰收的美好愿望。2006 年，这一表演艺术入选第一批国家级非物质文化遗产名录。

天塔狮舞

狮舞，又称“狮子舞”“狮灯”“舞狮”“舞狮子”，多在年节和喜庆活动中表演。狮子在中华各族人民心目中为瑞兽，象征着吉祥如意，因而舞狮活动多寄托着民众消灾除害、求吉纳福的美好意愿。狮舞历史久远，《汉书·礼乐志》中记载的“象人”便是狮舞的前身，唐宋诗文中多有对狮舞的生动描写。现存狮舞分为南狮、北狮两大类，南狮具有较多的武功高难技巧，神态矫健凶猛，北狮娇憨可爱，多以嬉戏玩耍为表演内容。根据狮子制作材料和扎制方法的不同，各地的狮舞种类繁多，异彩纷呈。

天塔狮舞，又称“狮子上板凳”，是山西襄汾县陶寺村集民间舞蹈、武术、杂技为一体的艺术形式和社火表演节目，相传始于隋唐时期，历经宋元明清，距今已有一千多年的历史。

狮的舞法分为文、武两种，“文狮”活泼调皮、和蔼可亲、聪明伶俐、能通人性，是人格化了的狮子，表现了人与动物的和谐相处，“武狮”大多时候是双狮共同出场，表演时将武术与杂技相糅合，有难度很大的惊险技巧，舞者通过直立、翻滚、跳跃、打斗等表演，表现其勇猛、强悍的一面。

伴随着锣鼓的节奏，助手在几分钟内快速、准确、稳固地用 29 条板凳搭起共 15 层 9 米高的塔台，凳子之间不做任何

天塔狮舞

固定。随着急促的锣鼓点，领狮人迅捷地在塔内转动攀爬，用7秒的时间快速旋转至9米高的塔顶，4只狮子分别围在凳塔的4个方向，面对高塔做着各种动作，没有丝毫的畏惧。天塔狮舞具有惊、险、奇、绝、美的艺术特征。塔台高高耸立，动作大起大落，力量中融入技巧，特技中渗透文化，空中造型优美，显示出动人的魅力。

天塔狮舞具有独特的表演形式和高超的绝技，曾获中国第七届艺术节优秀奖，山西省第一届及第三届广场文化节金奖。当前，抢救、保护、研究狮舞，对美学、民俗学及音乐舞蹈史的研究都有很重要的意义。2006年5月，天塔狮舞入选第一批国家级非物质文化遗产名录。

参考文献

白占全:《吕梁民俗》，北岳文艺出版社，1998 年。

段友文:《汾河两岸的民俗与旅游》，旅游教育出版社，1998 年。

柯杏、诗秋:《并州风情》，山西人民出版社，1991 年。

柯玲编著:《中国民俗文化》，北京大学出版社，2011 年。

李彬:《山西民俗大观》，中国旅游出版社，1993 年。

李玉明主编:《山西民间艺术》，山西人民出版社，1991 年。

乔润令:《山西民俗与山西人》，中国城市出版社，1995 年。

万建中、李少兵等著:《中国民俗史：民国卷》，人民出版社，2008 年。

温江鸿:《山西民间曲艺》，三晋出版社，2010 年。

温幸、薛麦喜主编:《山西民俗》，山西人民出版社，1991 年。

张余:《山西民俗》，甘肃人民出版社，2003 年。

章建刚、王亮等著:《山西省民间音乐遗产的传承与保护》，中国社会科学出版社，2007 年。

中国民族民间舞蹈集成编辑部:《中国民族民间舞蹈集成·山西卷》，中国 ISBN 中心，1993 年。

《中华舞蹈志》编辑委员会编:《中华舞蹈志·山西卷》，学林出版社，2009 年。

后　记

山西表里河山，历史悠久，民俗文化资源丰富多样，地域特色十分明显。开展对山西民俗的研究，是我们在前期《山西文明史》研究基础上对山西文明研究的进一步细化与深入，这对于加强民俗文化资源的保护与利用，重塑山西精神，坚定文化自信，助推文旅融合，都具有积极意义。

《民俗山西》（共十册）于 2016 年 5 月立项并正式启动，由杨茂林担任学术指导及主编，董永刚具体负责组织实施，韩雪娇配合。该书在撰写上主要以社科院历史所人员为主，同时吸收了经济所、社会学所、语言所、原晋商研究中心、《五台山研究》编辑部等多位同志参与。由于该书内容庞杂、覆盖面广，为了尽可能做到材料详尽、史料准确，在编写过程中，项目组多次组织作者们分赴晋西北、晋南和晋东南等多地展开调研，并积极调动各方社会资源为书稿的编写提供线索和材料，有效地保证了项目的进度和质量。到 2019 年 10 月，全套初稿基本完成，但囿于撰写时间较短和作者专业不同的限制，书稿在写作风格、行文笔触、史料选取、图片使用及篇幅大小上存在明显不一，与最初设计有一定距离。为此，在杨茂林的统一指导下，我们又用了一年多时间，几经易稿，每一册书较前期都有大幅度的改动。直到 2021 年 9 月，整套丛书的修改和配图才基本完成并启动出版流程。难度不谓不大！

作为一套图文并茂的文化普及类图书，无论文字还是图片要求，与普通出版物有很大区别，尤其在图片的搜集和使用上，其困难超出我们的想象。为了得到好的图片资源，山西省考古研究院刘岩副院长、洪洞县文物旅游局刘慧副局长、黎城县民间文艺家协会李建华主席、商务印书馆薛亚娟女士、山西人民出版社席青女士等给予了我们很大支持。该丛书出版前夕，山西省书画院韩少辉院长欣然为本书题写了书名，在此，我们表示衷心感谢！同时也向在编写过程中给我们提供指导和提出建议的社会各界朋友表示诚挚的谢意！由于民俗图片要求特殊，本书在图片搜集过程中，也针对性地选取了几张源于图书和网络的图片，但未能与作者取得联系，为此，我们向作者表示歉意！必要情况下可以和出版社或本书作者取得联系。

编写此类图书是我们的第一次尝试，尽管我们付出了很多努力，但总难免有欠妥与谬误之处，恳请广大读者朋友及专家、学者提出宝贵意见和建议，以便改进我们的工作！

《民俗山西》编写组

2022 年 1 月